애로우잉글리시 최재봉 지음

전치사혁명

거꾸로 잘못 배운 전치사 바로잡기

애로우 잉글리시

전치사 바로잡기

지은이 최재봉
펴낸이 김병식
펴낸곳 애로우 잉글리시
등록 2013년 1월 18일
주소 서울 강남구 역삼동 831-24 예미프레스티지빌딩 3층 (135-080)

기획 및 책임 편집 김병식
디자인, 일러스트 이승철

초판 2쇄 2015년 2월 10일 발행

값 16,000원

애로우앙글리시

전치사혁명

거꾸로 잘못 배운 전치사 바로잡기

영어공부의 지름길은
전치사를 제대로 **이해하는 것부터!**

1. 영어공부의 지름길은 없는가?

　　주위를 둘러 보면 영어에 대한 학습 방법과 학습 교재는 홍수처럼 우리를 덮치고 있습니다. 숨이 꽉 막힐 정도입니다.

　　하지만 매년 새해가 될 때 마다 우리의 새해 다짐은 **영어 완성!** 이지만 그렇게 보내온 해가 몇 년이 되는지 모릅니다.

　　극소수를 제외한 압도적인 다수가 여러 가지 원인으로 투입하는 노력 대비, 목적하는 학습 성과를 이뤄 내지 못하고 있으며, 영어 정복을 위해 수 차례의 도전과 실패를 반복하면서 비용과 시간을 소비하고 있습니다.

　　그럼 진정 제대로 된 영어 공부법은 없단 말입니까? 아닙니다. 하늘이 무너져도 솟아날 구멍이 있다고 했지 않습니까? 분명히 방법은 있습니다. 왕도가 없다던 영어 공부에도 저비용의 고효율의 방법이 분명히 존재합니다.

그렇습니다.

영어 공부의 지름길은 있습니다.

무조건 시간만 많이 내서 공부한다고 효과가 있는 것은 아닙니다. 이제까지 영어 공부를 하는 데 있어서 가장 큰 문제점은 공부를 한다고는 했지만 그냥 생각 없이 이 방법, 저 방법 손만 조금씩 대다가 말고, 체계적이고 제대로 된 방법으로 한 적은 없었기 때문입니다.

이제 우리도 영어 공부를 함에 있어 영어의 핵심이 무엇인지를 잡아서 공부합시다. 다른 할 일 많고 시간 없는 여러분들을 위해 진정한 지름길을 알려주고자 합니다.

2. 단하나의 '원리'를 이해하면 바로 말 만들기가 되는 유일한 학습법 애로우 잉글리시

1) 영어는 암기가 아니다.

　모든 거의 모든 학습법과 교재가 주장하는 대로 무조건 좋은 문장을 많이 외운다고 영어가 될까요?

　기본적으로 어느 나라 말이든 간에 대화를 한다는 것은 매끈하고 좋은 표현을 암기해서 내뱉는 것을 의미하지 않습니다. 정형화된 몇몇 문장들을 외워서 기계적으로 말한 것을 가지고 제대로 된 회화를 했다고 볼 수 없습니다. 또한 문장들을 아무리 많이 외워 봤자 실전에서 써먹지 못하는 경우가 허다합니다.

우리나라 사람들의 **영어**가 얼마나 황당한지 **아시는지요?**

외운 문장을 구사할 때는 유명한 연설가나 위인이 구사한 **명문장**이고, 그 외에는 유치원 수준의 영어이니 원어민이 듣고 얼마나 당황해 할까요? 아마 어느 영어가 우리의 본 영어인지 헷갈려 할지도 모릅니다. 입사 원서에 첨부된 영어 자기 소개서는 거의 모두가 천편일률적인 인생을 산 것처럼 문장이 너무나 유사합니다. 시중 참고 서적과 인터넷 검색을 통해 만든 짜집기 영작의 결과 이기 때문이지요. 하지만 여전히 문장 암기, 표현 짜집기식의 영어 공부를 답습하고, 그것이 최고인 양 착각하고 있는 것이 우리의 영어 공부의 현실입니다.

2) 단순한 법칙 – 주어에서부터 가까운 순서대로
단어를 늘여놓는다

다른 나라 사람들에 비해 영어 공부에 정말 열심인 우리 한국인의 영어 실력이 왜 낮을까요? 굳이 전세계 토익이나 토플 시험 성적 비교표를 들이대지 않아도 이미 다 아는 얘기이지요. 왜 한국인은 영어에 그렇게 많은 투자를 하고도 영어 실력은 낮을까요?

"영어와 한국어가 왜 어순이 반대인가?"를 먼저 생각해 보지 않고 그냥 무조건 다르니깐 외우자는 식의 막무가내 공부가 문제였던 것이다.

국어나 일본어에는 **"은, 는, 이, 가, 을, 를"**과 같이 그 단어의 쓰임새를 알려주는 조사가 발달되어 있기 때문에 문장의 어순이 바뀌어도 그 뜻을 전달하는 데는 크게 문제가 없습니다. 하지만, 영어에는 조사가 없기 때문에 어순이 바뀔 경우 전달하고자 하는 뜻이 왜곡되거나, 이상한 말이 되고 맙니다. 그래서 영어에는 단어가 놓은 위치, 순서가 목숨과도 같습니다.

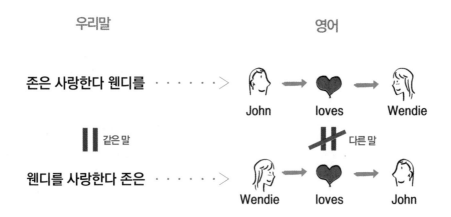

우리말   영어

존은 사랑한다 웬디를 · · · · · · ▷ John → loves → Wendie

‖ 같은말   ╫ 다른말

웬디를 사랑한다 존은 · · · · · · ▷ Wendie → loves → John

이처럼 영어에서는 어순이 의사 전달에 극히 중요하게 작용하므로, 영어 문장은 순서대로 정보가 표현되고, 수용되어야 되는 구조로 될 수 밖에 없다. 이렇게 언어적 구조가 다른 것은 좀 더 심층적으로 분석해 보니 사고방식의 차이 때문임을 발견하게 되었습니다. 그리고 나아가 사고방식에도 단순한 법칙 자체라는 것을 알게 되었습니다.

그 법칙의 핵심은 **"영어 문장은 주어를 중심으로 순서대로 확장되는 구조로 되어 있다"**라는 것입니다. 조금 더 풀어서 말하면, 주어, 즉 기준이 되는 주체로부터 물리적으로 가까운 것으로부터 먼 순서대로, 철저히 논리적 단계를 밟아가며 한 단어 한 구절이 배열되어 나가는 구조가 영어 문장의 구조라는 것입니다.

"주어에서부터 **가까운 순서**대로 **단어**를 **늘여놓는다"**
이 이상 어떤 규칙도 없습니다.

John   loves   Wendie

"멋진 표현을 암기하여 말하지 않더라도 생각대로 바로 말을 만들 수 있는 영어"가 사실 우리가 해야 할 영어의 목표이고, 이러한 영어의 가장 큰 핵심 비밀은 바로 **'주어에서부터 순서대로 단어를 배열하는 힘'**에 있습니다. 이러한 영어는 영어의 사고 방식부터 제대로 이해할 때 내 것이 되는 것이지 1형식, 2형식 하면서 5형식을 암기해서는 절대 불가능합니다. 영어는 암기 과목이 아니라 이해 과목입니다. 그래서 무조건 목숨 걸고 열심히 외우고 난리 치지 않아도 제대로 잘할 수 있게 되어 있는 것이 영어입니다.

3) 어! 영어가 단어 순서대로 그림을 그리네!

이처럼 **"영어 문장은 주어를 중심으로 순서대로 확장되는 구조로 되어 있다"** 라는 명제를 중심으로 주어, 즉 기준이 되는 주체로부터 물리적으로 가까운 것으로부터 먼 순서대로, 철저히 논리적 단계를 밟아가며 한 단어 한 구절이 배열되어 나가는 구조가 영어 문장의 구조라는 것을 알고 난 후 열심히 새로운 차원으로 영어 공부를 해나가던 중 어느 날 문득 내 눈에 사진과 그 밑에 쓰인 기사가 눈에 띄었습니다.

"그게 무슨 특별한 발견이냐?"라고 의아해 하시겠지만 실제로 이 사진 기사가 내 영어에 대한 안목이 달라지게 만들었습니다. 그건 바로 **"영어가 주어에서 순서대로 그림을 그린다"**는 사실이었습니다.

A helicopter flies above the car and people in the port.

위와 같은 신문 사진 기사를 만났습니다. 문득 문장과 사진을 매치 시켜 보았습니다. 그랬더니 아래와 같은 그림이 되는 것이 아닙니까!

예전에 어떠했습니까?

그냥 예전에 하던 대로 문장을 한 번 해석해 보시지요.

A helicopter flies above the car and people in the port.
"한 헬리콥터가 항구 안에 있는 차와 사람들 위로 날고있다."

이 정도로 해석을 했다면 썩 괜찮은 해석이라고 볼 수 있습니다. 하지만 정확히 문장 제일 뒤에 있는 **the port**로부터 거꾸로 거슬러 올라오며 이해하는 것이 참으로 놀라울 따름입니다.

우리는 학교 다닐 때 **"영어는 한국말과 거꾸로다!"** 라고 단정적으로 교육을 받았습니다. 그래서 우리네 영어 실력의 척도는 늘 얼마나 잘 번역을 하는가, 얼마나 잘 거꾸로 뒤집어서 매끄럽게 우리말로 잘 만드는가에 주안점을 두었습니다.

함께 지난 학창 시절의 영어 수업 시간을 생각해 봅시다. 영어 수업 시간만 되면 그 놈의 해석 때문에 다들 두려움에 떨지 않았습니까? 오늘 날짜가 **12일**이라는 이유 하나만으로 **"2번, 12번, 22번, 32번, 42번"** 내리 차례차례 희생양이 됩니다. 그때 가장 칭찬을 듣는 학생은 다름 아닌 **"뒤에서부터 멋지게 번역"**해 올라오는 학생이었습니다. 그런데 요즘 중, 고등학교에서도 **10년, 20년** 전과 전혀 달라진 것이 없이 똑같다는 사실이 더욱 슬프게 합니다.

그러나 막상 그 영어를 사용하는 사람들을 생각해 보신다면, 말하는 사람이나 듣는 사람이나 말을 하면서 거꾸로 역 주행하여 해석할 리는 절대로 없지 않을까요?

결국 우린 영어를 우리 식으로, 아전인수 격으로 해석해 온 것입니다. 바로 문제는 이것입니다. 영어 자체는 죄 없습니다. 그저 우리 식으로 뒤에서부터 순서를 거슬러 멋지게 변신시켜 버린 우리네 영어가 문제일 뿐입니다.

하지만 이제까지의 습관은 버리고 앞의 사진에서 처럼, 주어에서부터 순서대로 해석을 해보면 어떨까요? **"헬리콥터 ▶ 날다 ▶ above 위에 있고 아래 있는 것은 ▶ 차와 사람들 ▶ in 안에 있고 둘러싼 것은 ▶ 항구"** 이렇게 영어 문장을 바라보니 앞에서 순서대로 차근차근 이해를 해도 가능하다는 생각이 들지 않나요? 그리고 이렇게 순서대로 이해하는 방식이 이상한 방법이 아니라 당연한 것처럼 느껴지지 않는지요?

이 원리를 이해하는 순간부터 나는 영어를 단어의 순서대로 한국말로 해석하던 수준에서 더 나아가 아예 한국말로 해석을 거치지 않고 바로 영어로 이해하게 된 것입니다. 참으로 흥분되는 순간이었습니다. 이때부터 영어를 바라보는 관점이 글자에서 그림으로, 이제 시각화가 된 것입니다. 그리고 보니 사람들은 글자가 아니라 그림으로 정보를 축적한다는 사실이 새삼 다시 느껴졌습니다.

언어가 무엇이라고 생각하십니까?

　자신이 보거나, 생각하거나, 처한 어떤 상황을 다른 사람에게 전달해 주기 위해서 사용하는 것이 말이라고 생각합니다. 그 과정에서 도구로 글자를 이용하건 소리를 이용하건 또는 수화를 이용하건, 모스 부호를 사용하건 간에 목적은 똑같습니다. 바로 자신이 눈으로 본 그림을, 상황을 다른 사람 머릿속에 그대로 그려 주고 이해하도록 하기 위함입니다. 그 반대로 다른 사람의 생각을 내 머릿속에 그리고 이해하기 위한 과정이 바로 읽기와 듣기입니다. 결국 말하기든, 읽기든, 듣기든 이 모든 과정은 궁극적으로 머릿속에 그림을 그리는 것입니다.

　영어란 언어는 한국말 순서대로 거꾸로 뒤집어서 마침표에서부터 어떻게 번역을 해봐야 하는 골칫덩어리가 아니라 위와 같이 단어 순서대로 멋진 그림을 그리는 그리기 도구와 같습니다.

4) 영어는 그림을 넘어서 **동영상이다** - 원어민 언어 습득의 근본 원리

필자는 항상 모국어 방식으로 영어를 배운다는 것이 무엇일까 궁금했습니다. 왜 우리가 영어를 배우는 것하고 그네들이 영어를 배우는 것이 차이가 있을까? 그러나 지성이면 감천이라고 그 해답도 어렵지 않게 찾을 수 있었습니다.

예를 들어 지금 엄마가 아이에게 우유를 먹이는 장면을 생각해 보십시오. 엄마가 그냥 아무 말도 없이 우유병을 아이에게 들이밀고서 먹으라고 몸짓만 하지는 않을 것입니다. 아이에게 따뜻하게 사랑을 담아 말을 합니다. 그리고 이때도 엄마는 일단 말만 먼저 하고 우유병을 뒤에 물려 주는 것이 아니라 말을 하는 동시에 동작을 취합니다. 이와 같이 엄마와 아기의 경우를 보면 영어 단어와 그 단어에 해당하는 동작이 동시에 붙어서 진행이 됩니다. 처음엔 아이가 그저 엄마가 말해 주는 **milk**에 우유만 결합시키다가 나중에서 **drink a bottle of milk**와 같이 여러 단어들을 조합해서 순서대로 동작과 연결시킬 수 있게 됩니다. 영어가 **"단어 순서대로 동작을 취하는 동영상"**으로 발전하게 된 것입니다.

보통 미국에 가면 아이들은 개인차가 있긴 하지만 6개월 정도가 지난 시점부터 영어를 좀 하게 됩니다. 어떻게 이 아이들이 이렇게 되는 걸까요? 부러울 뿐입니다. 하지만 그 이유를 알면 여러분도 그렇게 될 수 있습니다. 그냥 '미국에 6개월간'이 중요한 것이 아니라 핵심이 중요하지요. 사실 알고 보면 아이들은 수업시간 보다 친구들에게 직접적으로 영어를 배웁니다. 그 친구들이 원어민 엄마와 같은 역할을 해주는 것이다. 바로 동작을 통해 영어 단어에 그림을 붙여 주고 그것을 순서대로 구사하면서 아이들에게 살아 있는 영어 선생 노릇을 해주는 것입니다. 바로 **"영어는 동영상이다!"**라는 진리가 그대로 적용이 되는 순간입니다.

영어의 핵심은 영어라는 글자나 소리로 그림/이미지를 그리는 것입니다. 처음에는 하나의 단어에서 그 다음 몇 개의 단어로, 그 다음 구절로, 그 다음 문장으로 이미지를 확대하여 나중에는 한 편의 그림이 자연스럽게 머릿속에 그려지는 것이지요.

실질적으로 기본적인 원리를 알고 시작하는 것과 무턱대고 무조건 덤비는 것과는 큰 차이가 있다. 애로우 잉글리시가 바로 쓸데없는 시간의 낭비와 힘의 소모 없이 빠르고 쉽게 영어 공부를 할 수 있게 해 줄 것입니다. **영어가 단어 순서대로 그림을 그리고 나아가서 동영상**이라는 것을 안다면 영어가 웬수가 아니라 친구로써 쉽게 우리에게 다가 올 것입니다.

가장 중요한 전치사부터!

그런데 이렇게 순서대로 이해하는 데 있어 우리에게 특히나 문제가 되는 부분이 있습니다. 바로 단어들 중간 중간에서 우리의 갈 길을 가로 막고 있는 **above**와 같은 단어들입니다.

A helicopter flies <u>above</u> the car and people in the port.
"한 헬리콥터가 항구 안에 있는 차와 사람들 <u>위로</u> 날고있다."

위의 문장 A helicopter flies above the car and people in the port를 해석할 때 머릿속에는 **above**와 같은 말들이 '**~위로**'라고 자리잡혀 있습니다. 이렇다 보니 **above**가 나오면 뒤에 나온 the car and people란 단어를 보고 난 뒤 '**차와 사람들 위로**'라고 거꾸로 뒤집어 해석을 할 수밖에 없는 것입니다.

이제 영어를 바로잡기 위해 반드시 손을 보지 않고서는 안 되는 말들이 있다는 것을 눈치 챘을 것입니다. 문장 중간에서 연결고리 구실을 하며, 내용이 변하더라도 늘 그 자리를 지키면서 정해진 기능을 하는 말들입니다.

거의 모든 영어 문장을 통계를 내보았더니 단골 손님같은 **100**단어가 영어 문장의 거의 **50%**를 차지했다고 합니다. "내가 아는 단어들을 지금 바로 세어봐도 **100**개는 충분히 넘는데, 왜 내 실력은 영어 문장을 최소 **50%**도 이해 하지 못하냐?" 하고 바로 질문을 하실 수도 있는데 여기에 또 다른 비밀이 숨어 있습니다. 그 **100**단어는 **전치사, 접속사, 관계사, 조동사, 대명사** 등과 같은 단어들이기 때문이다. 바로 영어 문장에서 뼈대에 해당하는 단어들입니다.

여러분들이 다 알고 있다고 생각한 그 **100**단어들도 원어민들이 사용하는 식대로 제대로 이해되어 있지 않기 때문에 효과를 발휘하지 못 하는 것입니다. 예를 들어, 분명히 **above**를 알고 있다고 생각하는데 원어민 사고방식대로가 아니라 그냥 "**~위로**"라고 거꾸로 뒤집어 알고 있으니 마치 뼈에 비유하자면 뼈가 어그러져 있어서 정형외과에 가서 입원 치료받아야 할 정도입니다.

그러므로, 영어 공부를 하는데 있어서 우선 순위를 둬야 할 것은 먼저 뼈대에 해당하는 단어들입니다. 이런 단어들부터 원어민식으로 제대로 이해를 해야 합니다. 그렇게 하고 난 뒤, 살을 붙여 나가는 방식으로 공부를 해야 하는 것입니다.

그 뼈대를 공부할 때에는 앞에서 이야기했던 대로 반드시 그림으로 문장을 보고 순서대로 이해를 해야 한다. 그렇게 뼈대가 되는 말들을 바르게 바로잡아야 여러분 영어가 달라집니다.

뼈대에 해당하는 단어들 중에서 가장 중요한 위치를 차지하는 것이 바로 전치사입니다. 전치사는 문장에서 명사와 명사를 연결하는 중요한 관절 역할을 합니다.

통상적으로 영어를 외국어로 학습하는 우리 나라 사람들에게는 한국어에 전치사가 없으므로, 전치사의 정확하고 자유로운 사용에 어려움이 많습니다. 그래서, 학습자들은 전치사가 들어가 있는 구 등을 숙어 등으로 무조건 외우기도 하고, 전치사의 용법에 대해 문법이란 틀 안에서 학습하기도 합니다. 하지만, 우리가 문법공부를 하지 않고서도 **"은/는/이/가"**와 같은 조사를 자유롭게 사용하는 것 같이, 영어를 모국어로 사용하는 원어민들은 전치사에 대해 특별한 학습이 없이도 전치사를 자연스럽게 사용합니다.

이번 책에서는 전치사를 집중적으로 바로 잡아 우리도 원어민처럼 전치사를 자연스럽게 사용할 수 있게 되고, 그렇게 해 나가는 과정에서 영어를 공부하는 법 자체를 구체적으로 익히고자 합니다. 그 시작을 전치사부터 열어가 보겠습니다.

목차

Prologue ————————————————→ **5**

Contents ————————————————→ **22**

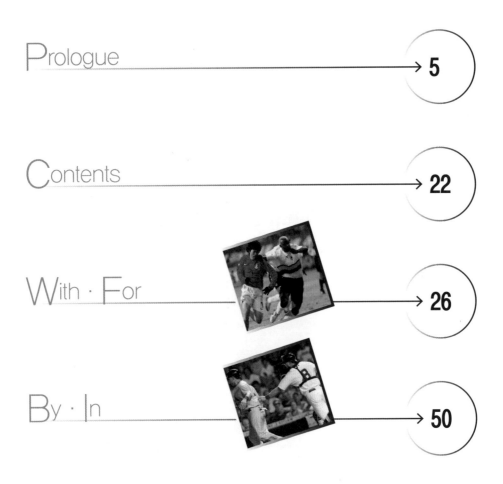

With · For ————————————————→ **26**

By · In ————————————————→ **50**

C ontents

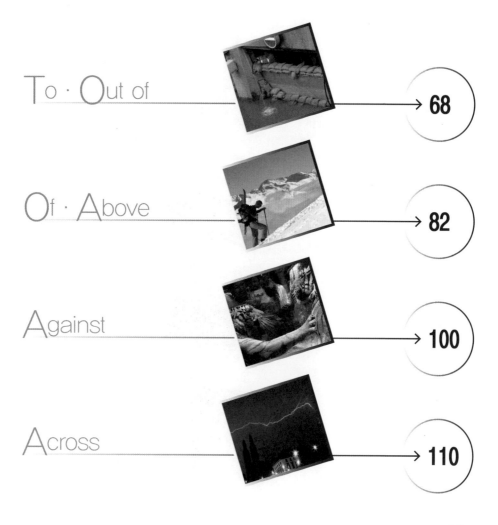

To · Out of .... → **68**

Of · Above .... → **82**

Against .... → **100**

Across .... → **110**

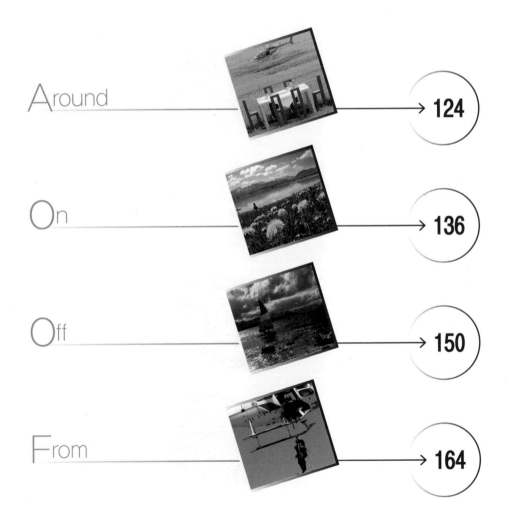

Around → 124

On → 136

Off → 150

From → 164

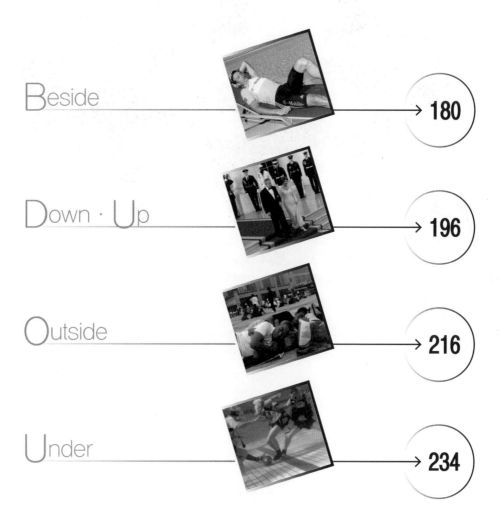

Beside   → **180**

Down · Up   → **196**

Outside   → **216**

Under   → **234**

with · for

여러분, 영어를 10년 혹은 20년 넘게 공부하셨습니까? 그런데 아직까지 영어가 되지 않습니까? 그 이유를 내 탓이라고만 생각하셨나요? 혹시 내가 공부해 온 방법이 잘못되진 않았을까, 또 내가 그동안 해온 것에 있어서 접근법에 문제가 있다고 생각해 보시진 않으셨습니까?

네, 답은 거기에 있습니다. 사실 우리는 너무 내 탓만하고 살아왔던 것 같습니다. 공부를 안 하신 분이라면 할 말이 없겠지만, 너무나 공부를 열심히 하셨는데 그만한 성과가 없고, 또 그만한 결과가 나오지 않았다면 한번 방법을 바꿔보십시오.

이제 어떻게 바꾸면 영어가 되는지 그 방법을 구체적으로 보여드리도록 하겠습니다.

자, 먼저 영어문장 하나를 보여드리겠습니다.

South Korea Park Ji-sung fights with a player for the ball during their international friendly football match at Sangam World Cup stadium in Seoul.

어떻습니까? 위의 문장을 한번 읽고, 여러분 원하시는 대로 한번 해석해 보십시오. 여러분들은 일반적으로 어떻게 하십니까? 대부분의 분들이 하는 방법은 일단 무조건 영어문장을 한번 읽으시는 거죠? 영어 문장을 읽고 난 다음에, 이제 모르는 단어가 있나 찾아보고, 그런 뒤에 본격적으로 문장 제일 뒤에서부터 해석해서 거슬러 올라옵니다. 한국말로 바꾸는 전형적인 방법이죠. 제가 그 방법을 따라서 해보겠습니다.

서울에 있는 상암 월드컵 경기장에서 열린 그들의 국제 친선 축구경기 동안에 남한의 박지성 선수가 한 선수와 함께 골을 목표로 싸우고 있다.

영어 문장과 한국말로 바꾼 문장을 한번 비교해 보세요. 마치 암호문 같지 않습니까?

그럼 여기서 영어 문장이 어떻게 나열되어 있는지 다시 한번 보실까요?

South Korea Park Ji-sung ▶ fights ▶ with ▶ a player ▶ for ▶ the ball ▶ during ▶ their international friendly football match ▶ at ▶ the Sangam World Cup stadium ▶ in ▶ Seoul.

이제 이 순서대로 한국말로 풀어보겠습니다.

'**남한의 박지성 선수**'가 나오구요, 그 다음 '**싸우다**'는 단어가 나오구, **with**가 나오고 '**한 선수**'가 나오고 그럼 다음 **for**가 나옵니다. 그 다음 '**공**'이 나오고 나서, **during**이 나오고, '**국제 친선 경기**'가 나오고, 그리고 나서, **at**이 나오고, '**상암 월드컵 구장**'이 나오고, **in**이 나오고, 마지막으로 '**서울**'이 나왔습니다.

남한의 박지성 선수 ▶ 싸우다 ▶ with ▶ 한 선수 ▶ for ▶ 공 ▶ during ▶ 그들의 국제 친선 축구 경기 ▶ at ▶ 상암 월드컵 경기장 ▶ in ▶ 서울

이런 형식이 어색하신가요? 예전의 뒤집어 해석하던 습관 때문에 이런 형식이 낯설 것으로 생각됩니다. 그런데 이런 생각은 해보신 적 없으신가요? 한국말을 들을 때도 뒤에서부터 해석하고 계신 분이 있으실까요?

그런데, 왜 영어는 꼭 뒤에서부터 해석하려고 하십니까? 그것은 바로 영어를 우리말화하기 때문입니다. 지금까지 영어를 읽거나 들으면 영어를 우리말로 바꾸는 데 주력한 것이지, 그 사람이 무슨 얘기를 하고 있는지, 그 말이 지금 어떤 내용을 전하고 있는지는 전혀 집중하지 않았다는 얘기입니다.

앞에 나온 내용을 이미지로 바꿔보겠습니다.

보는 순서는 다음과 같습니다. 먼저 **preview**를 보면 주어에서부터 나오는 화살표를 발견할 수 있는데 눈으로 따라가면서 그 순서대로 단어가 하나씩 나열된다는 생각을 가지고 보면 됩니다. 그리고 **preview** 아래의 동선이 있는 본그림을 보면 정말 그 순서대로 단어가 나열되지 않는가요? 문법을 몰라도 **'그림과 함께 주어에서부터 가까운 순서대로'**라는 영어식 사고만 적용하면 저절로 이해됩니다.

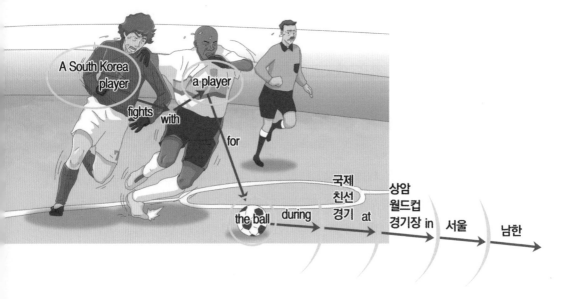

박지성 선수가 보입니다.

박지성 선수가 어떻게 하고 있죠?

fight, 열심히 싸우고 있습니다.

싸우면 항상 함께 하는 대상이 있습니다.

with를 '**~와 함께**'라고 거꾸로 이해하지 마십시오.

그림의 순서가 어떻습니까?

with가 나오고 그 다음에 순서대로 선수가 나왔습니다.

박지성 선수가 싸우는데 함께 하는 것이 한 선수입니다.

그런데 무엇을 목표로 하고 있는 것 같지 않습니까?

for, 그리고 축구장에서 목표로 하는 것이 무엇이겠 습니까? 공이 되겠죠?

그리고 나서, 진행되는 일이 뭡니까?

그때 앙골라와 함께 벌인 친선경기입니다.

그 경기가 열린 장소가 어디죠?

그 장소는 상암동 월드컵 경기장입니다.

경기장 밖으로 나가면 어디죠? 서울입니다

　어떻습니까? 한국말로 해석하는 게 아니라, 영어 단어가 나온 순서대로 그림으로 바꿔보니 훨씬 색다르죠? 다시 한번 해보겠습니다. fight뒤에 with가 나왔죠 예전의 여러분은 with가 나오면 뒤에서 앞으로 거꾸로 해석을 했습니다. '**~와 함께**'라고요 문장에서 등장한 순서를 보면 with가 나오고 그 다음에 단어가 나왔는데 이것을 '**~와 함께**'라고 해석합니다. 이상하지 않습니까?

with가 먼저 나오고 그 다음에 단어가 나오는 것처럼 순서대로 이해하는 게 아니라 거꾸로 이해를 하는 것 말입니다. **'예전에 어떻게 배웠다'**라는 고정 관념에 머물러 계시지 마시고, 한번 바꿔봅시다.

그림을 보면서 주어에서부터 순서대로 하나씩 나열해 봅시다. 우선 박지성 선수가 있고 그의 행동은 싸웁니다. 싸우면 늘 함께하는 대상이 순서대로 나와야 하겠지요 함께하는 것은~ 하면서 다음 단어를 만나면 되는 **with**가 나왔습니다. 그런데 선수들의 발 끝의 움직임이 무엇인가를 목표로 하지 않습니까? 그림에서 목표로 하는 것은 공입니다.

for를 '~를 위해서'라고 거꾸로 이해하지 마십시오. 그림의 순서를 보면 for가 먼저 나오고 그 다음에 공이 나옵니다. 박지성 선수가 싸우면서 함께 다투는 대상이 한 선수이고 그러면서 목표로 하는 게 공입니다.

이어지는 다음 내용으로 넘어가보겠습니다.

South Korea Park Ji-sung ▶ fights ▶ with ▶ a player ▶ for ▶ the ball ▶ during ▶ their international friendly football match ▶ at ▶ the Sangam World Cup stadium ▶ in ▶ Seoul.

앞의 볼을 다투는 내용과 함께 그때 벌어진 일이 무엇이죠? 이게 바로 **during** 에 해당하는 부분입니다. 예전에 해오던 대로 '**~하는 동안에**'가 아닙니다. 그렇게 한다면 '**경기를 하는 동안에**'라고 뒤에서 앞으로 돌아와야겠죠. 그렇게 하지 마시고, 지금 박지성 선수가 앙골라 선수와 함께 뛰어다니는 이때 진행되고 있는 일이 무엇인지 주위를 둘러 보십시오. 축구경기죠?

그럼 순서대로 진행해 보겠습니다. **'한창 진행되는 일은'** 축구경기죠. during 을 보자마자 **"진행되는 일이 뭐지?"** 이렇게 생각하시면 됩니다.

영어는 주어에서부터 순서대로 확장해 나가는 구조입니다. 축구경기에서 밖으로 확장해 가면 어떨까요 이 경기가 열린 위치, 장소가 at 다음에 나오겠죠. 상암 경기장이 나오고, 그 다음 in 이 나옵니다. 이제 in 뒤에서부터 뒤집어 **'~안에'**가 아닌 걸 아시겠죠?(자세한 것은 2강 참조) 경기장이 안에 있고, 둘러싼 지역이 어딘가요? 서울이죠.

이 전체가 순서대로 진행됩니다. 지금 자신이 있는 가장 가까운 테두리에서부터 바깥쪽으로 나가는 겁니다.

국제 친선 경기 ▶ 축구 경기를 하는 경기장 ▶ 그 밖에 있는 건 서울

이제부터 영어를 뒤에서부터 거꾸로 해석하지 마세요. 생각을 바꿉시다. 영어는 번역이 아닙니다. **'영어가 나오는 순서대로 그림을 만들어간다'**라고 생각하시면 됩니다. 1강에서는 영어의 단어가 무엇인지를 보여드린 것이 아닙니다. 영어는 주어에서부터 순서대로 이해해야 한다는 것과, 그 원칙에 따라 영어를 쉽게 말할 수 있겠구나, 쉽게 이해할 수 있겠구나, 하는 희망을 드리고 싶었습니다.

1강을 마무리 하기 전에, 주소와 날짜를 영어로 말하는 방법에 대해 말씀드리겠습니다. 우선 주소에 대해 살펴봅시다. 만약, 외국인이 여러분에게 주소를 물어본다고 합시다. 그러면 어떻습니까? 국어로 된 주소를 먼저 떠올리고, 이것을 영어로 거꾸로 뒤집는다고 정신이 없을 겁니다. 우리말로 생각하고 영어로 뒤집는이 작업, 이거 생각만큼 그렇게 쉽지 않습니다.

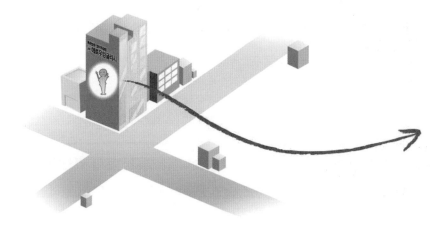

하지만 그렇게 할 필요가 전혀 없습니다. 보시죠. 그냥 간단히 여러분이 있는곳을 생각하십시오. 집을 그리세요. 그리고 점차 밖으로 확장해서 나가보십시오.

예를 들어, **'서울시 강남구 역삼동 831-24번지 예미프레스티지빌딩 4층'**이 주소라고 해봅시다. 여러분 있는 곳이 **4층**입니까? ▶ **밖으로 나가보니 건물 이름이 예미프레스티지빌딩**입니다. 그리고 그 건물 정문에 주소가 뭐라고 적혀져 있습니까? **831-24**이라고 적혀 있죠. ▶ 그리고 나서 더 밖으로 나와 보니 이 행정 구역이 어디입니까? **역삼동**이죠. ▶ 그리고 밖으로 나가니 역삼동을 감싸고 있는 게 뭡니까? **강남구**입니다. ▶ 강남구 밖으로 나가니 **서울**이죠. 서울 밖으로 나가니 **대한민국**입니다. (그림 밖으로 나오세요~) 어떻습니까? 쉽게 이해가 되지요. 학교에서 영어 주소는 한국 주소를 거꾸로 하면 된다고 배웁니다. 그게 아니고, 지금 현재 내가 어디에 있는지를 기준으로 해서 확장해 나가세요.

날짜도 한 번 살펴 볼까요? 2020년 11월 26일 금요일을 예로 들어봅시다. 영어로 어떻게 얘기하실 건가요? **금요일 Friday, 11월 November** 등 단어는 다 아시겠죠? 그런데 혹시 순서가 헷갈리지 않나요? 외워서 얘기해야 할까요? 아닙니다.먼저 금요일을 얘기하고, **11월**을 얘기하고, **26일**을 얘기하고, **2020년**을 얘기합니다. 왜 이런 순서일까요? 금요일은 월요일에서 일요일까지 7개 중의 하나, 11월은 **1월**에서 **12월**까지 **12개** 중의 **하나**, 일은 전체 **30, 31** 혹은 **29개** 중의 하나, **2020년**은 2020개 중의 하나입니다.

7 ▶ 12 ▶ 30(31, 29) ▶ 2020

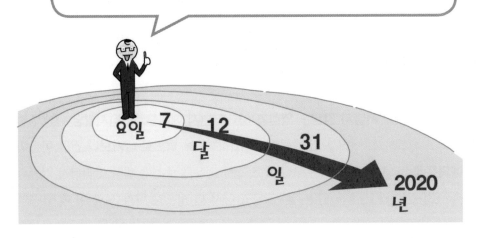

크기가 점점 커지며 확장되지 않습니까? 영자신문이 있으면 날짜, 요일을 확인해 보십시오. 보면 요일이 오고, 달이 오고, 날이 오고, 연도가 오는 것을 알 수 있습니다.

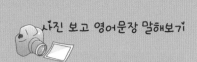

다음 사진을 보고 빨간 화살표(동선)를 따라
문장을 만들어 보세요.

기존에 알고 있던 전치사 의미를 애로우 잉글리시를 통하여 새롭게 이해해 보세요.

A with B

기존 방식 : 역순으로 이해

B와 함께 하는 것은 A

애로우 잉글리시 : 순서대로 이해

A와 함께 하는 것은 B

제가 손을 내밀어 여러분과 악수를 한다고 가정해 봅시다. 예전의 여러분은 어떻게 영어 문장을 만드는지 잘 생각해 보세요. 먼저 우리말로 **'여러분과 나는 악수를 한다'**라고 만들고, 그리고 영어 단어로 바꾸고, 그 다음에 이리저리 순서를 꿰어 맞춰서 **'I shake hands with you.'**라고 했을 겁니다. 하지만 **'그림과 함께 주어에서부터 가까운 순서대로'**라는 영어식 사고만 적용하면 쉽게 만들 수 있습니다. 또한 이 책에는 여러분의 영어식 사고를 만들어 주기 위해 그림과 동선 그리고 화살표 등의 도우미들이 있습니다. 이해가 잘 안 되시면 그냥 먼저 빨간 화살표만 따라가면서 죽 그림들을 한번 보시고 나서 다시 보시는 것도 좋은 방법입니다.

아래의 그림을 보면 선수들이 악수를 하는 장면입니다.

주어에서 나오는 빨간 화살표를 따라 시선을 이동하셨나요? 자, 그 순서대로 단어가 나열이 된다는 것을 꼭 잊지 마세요. 다시 한번 강조하지만 **'그림과 함께 주어에서부터 가까운 순서대로'**라는 개념이 중요합니다. 빨간 화살표만 따라가면 문법에서 자유로워 져서 말을 할 수 있는 힘이 길러 집니다.

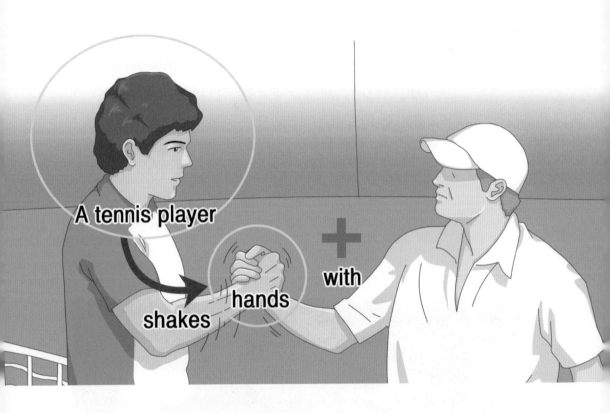

A tennis player
shakes
hands
with

한 테니스 선수가 주어입니다. 주어에서 가장 가까운 것은 무엇일까요? 주어의 행동입니다. 흔들고 있지요. 흔드는 것은 무엇일까요? 손들입니다.(자기 손 포함) 그리고 함께하는 것은 상대팀 선수네요. 한 테니스 선수에서 나오는 빨간 선이 상대팀 선수를 만나서 끝나는 그 순서대로 단어를 하나씩 배열하여 말하면 문법에 영향을 받지 않는 자유로운 영어 말하기입니다.

자, 다시 한번 그림을 보고 말해 볼까요. 반드시 입으로 소리내서 말해 보시기 바랍니다. 초보라 영어 단어를 잘 모르시면 **한 테니스 선수 ▶ 흔들다 ▶ 손들 ▶ with ▶ 상대선수** 이렇게 말하셔도 됩니다. 일단 주어에서 순서대로 단어를 나열하고 **with**를 뒤집어서 해석하는 것이 아니라 순서대로 바르게 사고하시는 것이 중요하니까요.

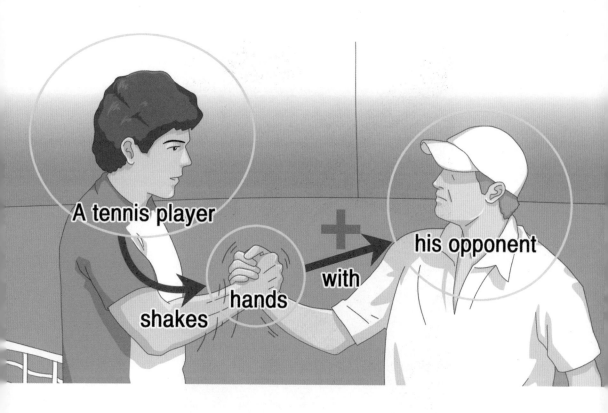

A tennis player ▶ shakes ▶ hands ▶ with ▶ his opponent

다시 한번 강조하면 위의 문장을 **'해석'**해서 의미를 이해하는 것은 중요하지 않습니다. 주어인 한 테니스 선수 다음에 오는 말이 주어의 행동인 **'흔들다'**고, 그 행동이 닿은 대상이 **'손들'**이며 확장해서 가면 **'함께하는 것은'** '상대 선수'구나 하는 사고의 흐름이 가장 중요합니다. 영어 실력이 있든 없든 시작점은 같습니다. 반드시 사고의 흐름을 새로 그리고 먼저 익히셔야 합니다.

with와 관련해서 하나 더 익혀 봅시다.

A worker washes his hands with mud water.

먼저 주어에서 나오는 **빨간 화살표**를 따라 시선을 이동시켰나요? 그러시지 않으셨다면 다시 한번 쭉 보세요. 그러면서 화살표를 따라 단어를 나열 해 봅시다. 우선 주어로 한 노동자가 있습니다. 주어의 행동은 씻고 있네요

자, 이 순서가 중요합니다. **'한 노동자' ▶ '씻다' ▶ '손'** 왜 이 순서일까요? **'주어에서부터 가까운 순서대로 확장'**이라는 사고에서 보면 주어 다음에 가까운 것은 주어의 행동입니다. 그런 다음에 그 행동이 닿는 대상이 나옵니다. 이런 생각을 가지고 보면 이른바 3형식이라고 부르는 형식은 필요 없지 않습니까? 자연스러운 언어에 있어 무슨 무슨 형식이 존재한다는 것은 조금 문제가 있지 않을까 싶습니다. 주어+동사+목적어 이런 세트된 형식을 외우고 공부하지 않아도 정확한 말로 영어를 말하는 것은 어렵지 않습니다.

A worker ▶ washes ▶ his hands 여기에서 말을 그만 두어도 됩니다. 그런데 순서대로 확장해서 더 말을 늘리면 **함께하는 것은~ (with)** ▶ **진흙 물**입니다. 다시 정리를 해 볼까요?

A worker ▶ washes ▶ his hands ▶ with ▶ mud water.

전치사	바로잡기	for

기존에 알고 있던 전치사 의미를 애로우 잉글리시를 통하여 새롭게 이해해 보세요.

A for B

기존 방식 : 역순으로 이해

B를 위해서 A

애로우 잉글리시 : 순서대로 이해

A가 목표로 하는 것은 B

preview
이렇게 공부봐요

위 이미지처럼 냉장고 안에서 음식 같은 것을 찾아 보는 경우가 많이 있지요. 이럴 때는 어떻게 영어로 말해야 할까요? **'주어에서부터 가까운 순서대로 확장'**이라는 **Arrow English**의 사고 하나만 생각하시면 됩니다. 자, 이제는 자동적으로 먼저 빨간 화살표를 따라 시선을 이동시키며 그림을 확인하셨나요? 그러면 이제는 주어를 정해야 하겠지요. 빨간 선의 시작점을 보니 스웨터를 입은 여성이 보입니다. **She**로 시작하면 좋겠습니다. 이번에 배울 문장 입니다.

She is looking for something in the refrigerator in the kitchen.

주어인 **그녀(she)**에서 가장 가까운 것은 주어의 행동입니다. 바로 보고 있는 행동이지요(**is looking**) 보고 있는데 목표로 하는 것은 어떤 음식 같은 것(**something**) 입니다. 밖을 둘러싼 것(**in**)은 냉장고이고 주어에서 나오는 빨간 화살표를 따라 더 밖으로 확장해 나가면 밖을 둘러싼 것(**in**)은 주방입니다.

자, 이 사고로 영단어를 나열해 보면 영어문장이 만들어 집니다.

She ▶ is looking ▶ for ▶ something ▶ in ▶ the refrigerator ▶ in ▶ the kitchen.

for와 관련해서 하나 더 익혀 봅시다.

Cars wait for a green signal.

차들 ▶ 기다리는데 ▶ 목표로 하는 것은 ▶ 녹색 신호

Cars ▶ wait ▶ for ▶ a green signal

　전치사는 우리나라에는 없는 개념입니다. 번역하기 위해 거꾸로 뒤집은 **'~를 위해서'**로 알지 마시고 이번 기회에 바로잡으시기 바랍니다. 세상에 거꾸로 뒤집어서 이해하는 말은 없습니다. 자, 주어에서부터 시작해 볼까요. 차들이 있고 차들의 행동은 기다리는 것입니다. 기다리는데 목표로 하는 것이 뭔가 보았더니(그림에서 시선을 화살표 를 따라 위로 가세요)

by·in

영어는 쉽습니다. 하지만 우리가 그 동안 가지고 있던 생각을 바꾸는 것이 힘들다는 게 문제입니다.

저는 여러분에게 새로운 문장을 외우게 하고, 새로운 단어를 가르치려는 것이 아닙니다. 여러분에게 영어라는 고기를 잡을 수 있는 방법과 거기에 필요한 그물을 만들어 드리고 싶은 것입니다. 그런 후에는, 고기를 잡으러 바다에 나가셔야 합니다.

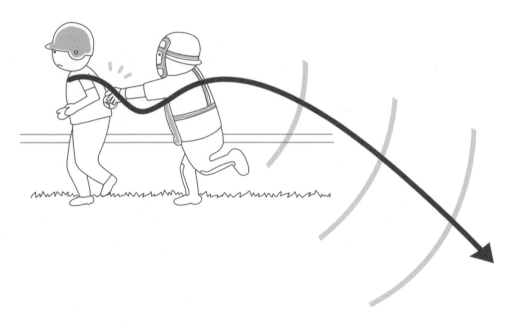

이번 강의 영어 문장입니다.

St. Louis Cardinals catcher Yadier Molina is touched out by Chicago Cubs catcher Michael Barrett during their second round in their league at Wrigley Field in Chicago.

세인트 루이스 카디날 소속 선수가 등장했죠.

그 선수의 등이 보이세요? 터치를 당한 겁니다.

터치를 당하고 난 다음에, **out** 바깥쪽으로 나가야겠지요. 운동 선수가 바깥쪽으로 나갔다는 건 말 그대로 '**아웃**'됐다는 얘기죠.

그 다음에 어떤 힘이 왔는데, 보니까 찍은 사람이 누굽니까?
시카고 컵스의 포 입니다.

여기까지 문장을 한번 보겠습니다.

St. Louis Cardinals catcher Yadier Molina is touched out by Chicago Cubs catcher Michael Barrett

이 문장을 지금까지 해 오던 대로 뒤에서 거꾸로 해석해 볼까요?

'**시카고 컵스의 포수 마이클 브레트 선수에 의해서 세인트 루이스 카디널스의 포수 야디어 몰리나 선수가 터치를 당하고 아웃되었다.**'

어떻습니까? 영문 순서에서는 세인트 루이스 카디널스의 포수 야디어 몰리나 선수가 가장 먼저 나왔는데, 기존의 해석방식으로는 무엇부터 시작했습니까? 마이클 브레트 선수로부터 시작하지 않았습니까? 뭔가 틀렸죠? 제일 처음에 나온 말을 가장 뒤에 두고, 제일 마지막에 있는 말을 앞으로 가져오다니, 뭔가 이상합니다.

그러면, 이제 그렇게 하지 말고 제대로 한번 해보겠습니다.

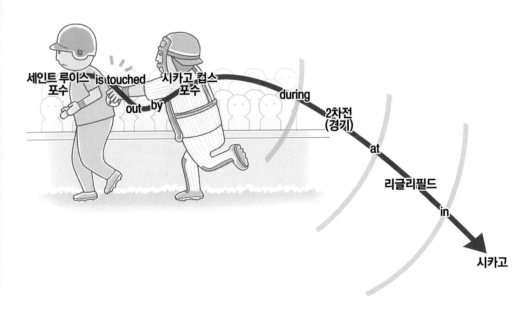

그림에서 주어에서 나오는 빨간 화살표를 따라 가다 보면 어떻게 되죠?

세인트 루이스 카디널스의 포수 ▶ 야디어 몰리나 선수 가만히 있었죠. ▶ 있는데 어떻게 됐습니까? ▶ 터치를 당했죠. 어떤 손이 와서 이 사람을 찍었습니다. ▶ 그래서 어떻게 됐죠? out 바깥쪽으로 나가서 아웃되었습니다. ▶ 그렇게 한 힘, 그 힘이 어디에서 왔는가 하면, ▶ 시카고 컵스의 포수 ▶ 마이클 브레트 선수입니다.

여러분이 가장 주의 하실 곳은 바로 **is touched** 부분이 되겠습니다.

학교 다닐 때 이 부분을 어떻게 배웠는지 기억하십니까? 바로 **수동태, 능동태** 라고 배우신 부분입니다. 수동태, 능동태란 한국말이 더 어려운 것 같습니다. 용어야 그렇다 치더라도 더욱 당황스러운 일은, 학교에서 배워왔기 때문에 당연하다고 생각했던 것이 사실 실전에서는 별로 위력을 발휘하지 못한다는 데 있습니다.

우리는 **is touched**가 '**~에 의하여 터치가 되었다**'라고 알고 있지만 계속 말씀 드리듯이 주어에서부터 순서대로 이해하며 생각하십시오.

St. Louis Cardinals catcher Yadier Molina is touched out by Chicago Cubs catcher Michael Barrett

야디어 몰리나 선수는 마이클 브레트 선수가 나를 어떻게 할 것이라고 생각한 바가 없습니다. 이 선수는 그냥 있던 상태 그대로 있는데 (**is**), '**틱!**'하고 터치되는 힘이 왔죠.
마이클 브레트 선수 입장에서 보면, 야디어 몰리나 선수가

St. Louis Cardinals catcher Yadier Molina ▶ 존재했고 is ▶ 터치당했죠 touched

야디어 몰리나 선수는 먼저 터치되는 손을 느낍니다.

터치되는 손을 느끼고 **'누가 그렇게 했어?'** 하고 보니깐 마이클 브레트 선수가 있는 것입니다.

Chicago Cubs catcher
Michael Barrett

이 순서가 그렇게 이상한 순서가 아니라는 데 동의하십니까? 야디어 몰리나 선수가 있는데, 터치를 당했죠. 그 힘이 어디서 왔는지, 힘의 출발지를 보니 마이클 브레트 선수인 것입니다. by를 먼저 느꼈는데, 다시 말해 힘을 먼저 느꼈는데, 이 힘이 어디서 왔는가 보니까 마이클 브레트 선수라는 것입니다. 그렇다면 by는 예전처럼 이해하지 마시고, 힘이 있고, 그것을 느껴서 원천을 따라가는 그림으로 파악해 보시면 어떨까요?

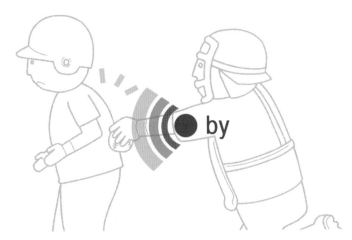

이제 다음에 이어지는 during their second round in their league at Wrigley Field in Chicago으로 넘어가 보겠습니다.

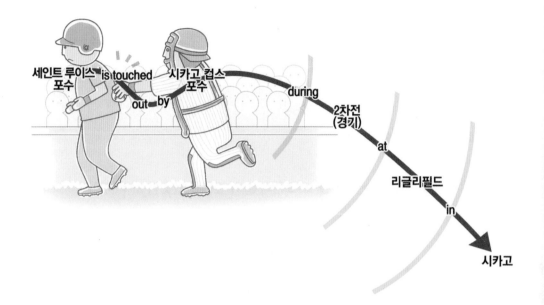

　　그때 진행된 일은 뭐였습니까? 그들의 **2차전 야구 경기**죠. ▶ 야구 경기가 벌어지고 있는데, **둘러싼 전체가 뭔가 하면 그들의 리그**입니다. ▶ **경기가 열린 곳은 리글리 필드**입니다. ▶ 그리고 그 경기장이 있는 곳이 바로 **시카고**죠.

　　여기서 during은 '**그들의 2차전 경기 동안에**'가 아닙니다. '**지금 벌어지고 있는 일은 → 그들의 2차전 경기이다.**' 그리고 in은 '**그들의 리그 안에서 그들의 2차전 경기**'가 아니라, 그들의 2차전 경기가 안에 있고, **둘러싸고 있는 전체가 그들의 리그**인 것입니다.

　　their league at Wrigley Field in Chicago로 넘어가 보겠습니다.

　　at Wrigley Field에서 at은 어떻게 하십니까? '**리글리 필드에서**' 이렇게 거꾸로 이해하고 싶으십니까? 그렇게 하지 마시고, **at**이 먼저 나왔죠? 지금 이 경기가 접하고 있는 곳이 **at** 리글리 필드입니다.

'**리글리 필드에서**'라고 하지 맙시다. 점으로 붙어있는 곳은 리글리 필드입니다.

예를 들어, 여러분이 친구들을 부산에서 만났습니다.

I met my friends 뒤에 '**부산에서**'라고 말을 만드는 것이 아니고, '**발이 붙어있는 그 지점이 부산**'입니다.

내가 ▶ 만났죠 ▶ 친구들 ▶ 그런데 발이 붙어있는 곳이 at ▶ 부산
이렇게 되는 것입니다

2강 마무리 하기 전에 짚고 넘어갈 것이 있습니다. 앞에서 **is touched** 표현이 나왔는데요. 수동태, 능동태가 어떻네 식의 학습방법은 이제 그만 잊어주시기 바랍니다. 수동태는 '**be동사 + 과거분사**'가 아니구요, 주어가 **is**, 있었죠. 가만히 있는데 어떠한 힘을 받은 겁니다.

누군가가 내 이름을 불렀다고 생각해 봅시다. 먼저 내 이름이 있죠. **My name is.** 가만히 있었는데, **called** 불려지는 힘을 받았죠. 불려지는 힘이 나왔는데, **by** 그 힘의 원천이 **my friend**죠. 이것을 뒤에서 또 뒤집어서 '**내 친구가 내 이름을 불렀다**'로 이해해서는 안 됩니다.

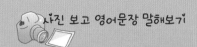

다음 사진을 보고 빨간 화살표(동선)를 따라
문장을 만들어 보세요.

preview
이렇게 해봐요

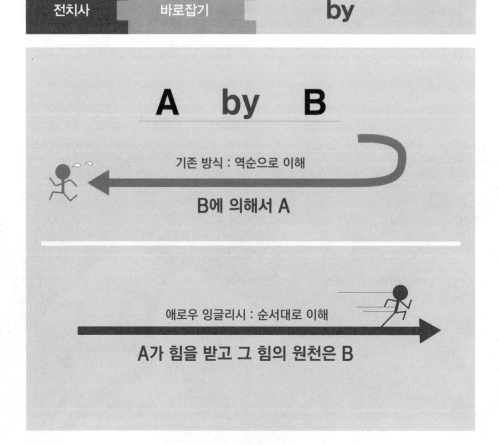

A by B

기존 방식 : 역순으로 이해

B에 의해서 A

애로우 잉글리시 : 순서대로 이해

A가 힘을 받고 그 힘의 원천은 B

by를 바로 잡아 봅시다. 다음 문장이 있습니다.

A man is kissed by a woman at the party.

　반드시 주어에서부터 순서대로 이해를 하셔야지 끼워 맞추기 식이 아닌 진정한 듣기(Listening)을 하실 수 있습니다. by는 '**~에 의하여**'로 거꾸로 뒤집어서 이해하시지 말고 이번 기회에 제대로 공부하시기 바랍니다. 오른족 이미지를 보면한 남자에서 나오 빨간 화살표가 여성을 지나 밖으로 나갔습니다. 이 이미지 통해서 **by**를 바로 잡아 봅시다.

preview
이렇게 해봐요

한 남자(a man)가 주어 입니다. ▶ 가만히 존재(is)하는데 키스를 당했습니다.
(kissed) ▶ 그 행위의 힘의 원천은(by) ▶ 한 여성(a woman)이고 ▶ 점으로
붙어 있는(at) 장소가 ▶ 파티(the party)입니다.

자, 이 순서에 따라 영어 문장을 말해 볼까요?
A man is kissed by a woman at the party.

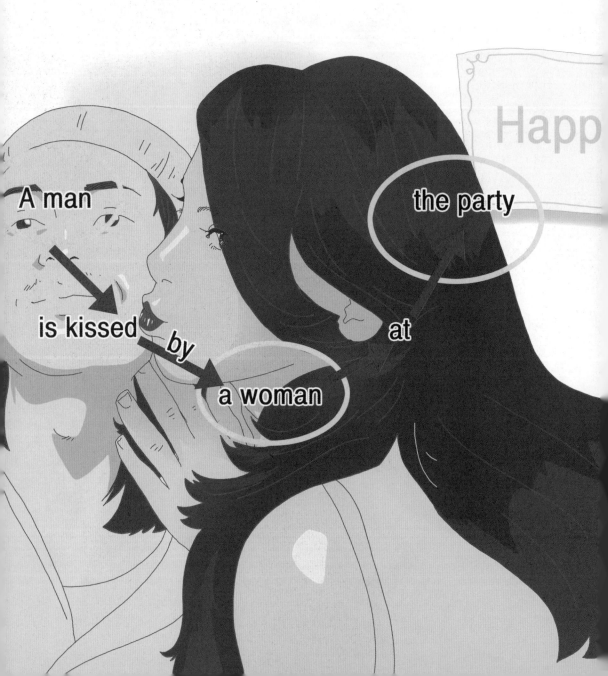

하나 더 연습할 문장입니다.

A bullfighter is attacked by a bull during the festival in Spain.

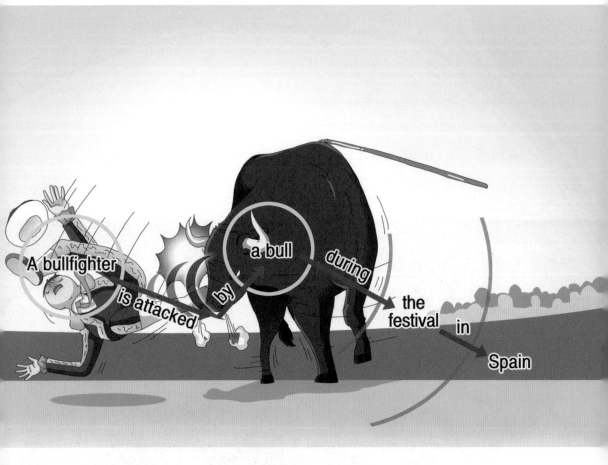

자, 이번에도 빨간 화살표를 따라가며 공부해 봅시다.

　주어가 **투우사**입니다. **존재하는데**(is) **공격 당하고 있습니다**(attacked) 그 힘
의 근원은(by) 소(bull)이고 빨간 화살표를 따라 밖으로 확장해 나가면 **그때 일
어난 일은**(during) 축제(festival)이고 안에 있고 밖을 둘러싼(in) 장소는 스페인
(Spain)입니다.

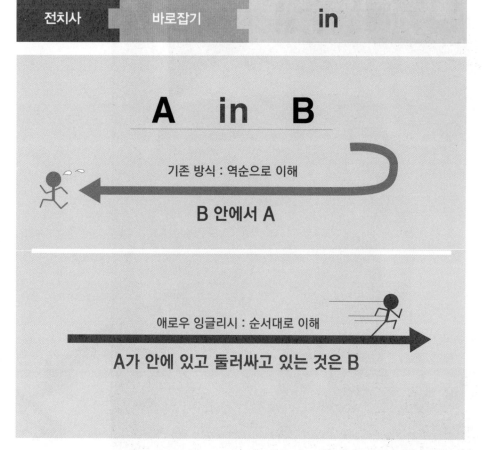

A in B

기존 방식 : 역순으로 이해

B 안에서 A

애로우 잉글리시 : 순서대로 이해

A가 안에 있고 둘러싸고 있는 것은 B

　in을 한번 바로 잡아 봅시다. 지금 여러분 어디에 앉아계십니까? 나는 지금 내 방에서 영어 공부를 하고 있다고 생각해 봅시다. 자기 손으로 자신을 가리킵니다. 누구죠? 내가 무엇을 하고 있습니까? 공부하고 있죠. 뭐가 앞에 있습니까? English죠. 그 공부하는 그 장소가 in, 다시 말해 안에 있고, 밖에 둘러싸고 있는 게 **your room**입니다. **'방 안에서'**입니까? 아니면 **'안에 있고 둘러싼 게 방'**입니까? 공부하고 있는 곳이 안이고, 둘러싸고 있는 곳이 방이 되겠습니다.

　자, 한 문장 더 보겠습니다.

A magician is in a glass ball during his performance.

preview 이렇게 해봐요

보는 순서는 동일 합니다 주어에서부터 나오는 빨간 화살표를 따라 간 다음 그 순서대로 단어가 배치된다는 사실을 유념하면서 자연스럽게 우리말에는 없는 전치사를 바르게 학습하시는 겁니다.

빨간 화살표를 따라 가며 생각해 볼까요? 일단 **마술사(a magician)**가 주어입니다 ▶ **존재(is)**하고 있지요. 그런데 존재하는데 ▶ **안에 있고 둘러싼 것(in)**이 ▶ **유리공(a glass ball)** 입니다 ▶ **그때 진행된 일(during)**은 무엇입니까? ▶ **그의 마술 공연(his performance)**입니다

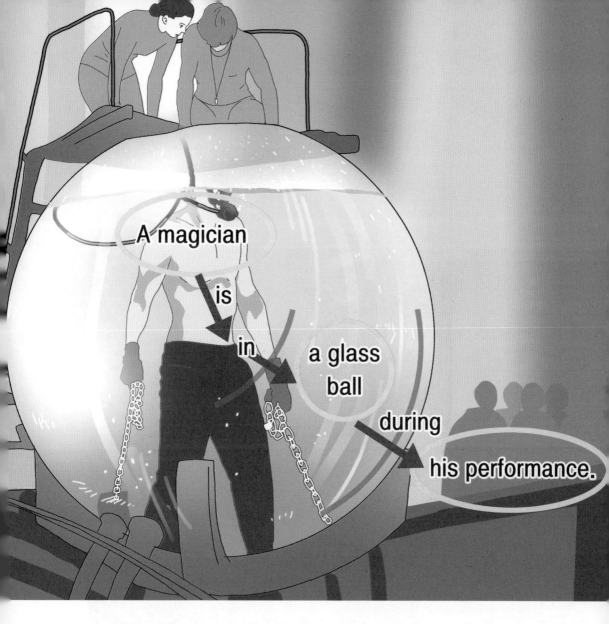

A magician ▶ is ▶ in ▶ a glass ball ▶ during ▶ his performance.

to·out of

영어를 공부하실 때, 사람들이 가장 모르는 것이 무엇인지 아십니까?

사실은 영어 공부의 기준은, 읽기가 아니라 <듣기에> 두어야 한다는 것입니다. 눈으로 볼 때에는 문장이 끝까지 다 나와있지만, **들을 때에는 영어 한 단어 단어가 귓전을 때리고 지나가 버립니다.** 여러분의 머리에서는 귀에 들려오는 한 단어, 한 단어의 소리를 가지고 정보를 파악하고, 그리고 그 다음 소리로 넘어갈 뿐입니다. 따라서 읽기를 할 때부터 듣기와 동일한 상황을 만들어 준다면, 영어는 훨씬 손 쉬워질 것입니다.

이제 눈을 감고 지문을 보지 마시고, 옆에 있는 다른 분에게 아래 문장을 읽어 달라고 해보세요. 한국말을 떠올리지 마시고, 순서대로 이해를 해보십시오. 들리는 대로 그림(이미지)를 그려보십시오.   머리에 순서대로 그림을 가져가시면, 그것이 번역보다도 정확한 영어의 이해가 됩니다.

A man uses a hose to pump water out of an underground car park in Passau, Germany.

영어는 소리가 들려 오는 대로 이해하면 됩니다. 그렇다면 읽을 때는 어떻게 하죠? 소리가 들려오듯이, 글자가 순서대로 나올 때 이해가 되시면 여러분들은 읽기 공부를 하면서 듣기 공부까지 함께 하고 계신 겁니다.

이제 사진을 보면서 문장에 대한 설명을 드리도록 하겠습니다.

preview 이렇게 해봐요

빨간 화살표를 따라 한번 공부해 봅시다. 처음에 한 남자가 나왔습니다. 한 남자가 어떻게 했습니까? 사용을 하고 있죠. 손으로 조작하는 게 보이시죠? 그 손에 잡히는 게 무엇입니까? 호스입니다. 그리고 이것을 가지고서 to '하고자 하는 바'가 있습니다. 펌프질을 해서 끌어올리려고 합니다. 당겨서 밖으로 퍼내려 하는 거죠. 그것이 뭔가 봤더니 물입니다. 물이 쭉 흘러가는 장면이 보이죠.

이런 순서대로 만들어 본 문장이 바로 **A man** ▶ **uses** ▶ **a hose** ▶ **to** ▶ **pump** ▶ **water**와 같습니다.

이것을 순서대로 그림을 그려보니 다음과 같습니다.

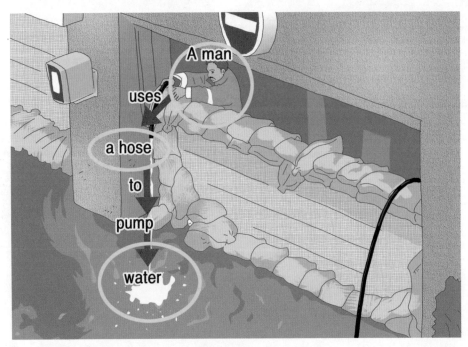

여기에서 가장 중요한 부분이 to입니다.

질문하나 드리겠습니다. 펌프질을 하는 게 먼저입니까, 아니면 호스를 사용하는 것이 먼저입니까? 논리적으로 생각하십시오. 이 남자가 사용하는 게 호스죠. 그리고 난 다음에 물을 빨아내야 하는 것이죠. 그러면 당연히 **A man uses a hose**가 먼저 나오고, **to**가 나오고, 그 다음에 **pump water**가 나옵니다. 여기서, **to**가 가리키는 바는 호스를 가지고 나가서 하고자 하는 바, 나가서 하는 일이 펌프질을 하는 것입니다. 이 동작의 순서가 보이시죠? 예전에 우리는 **A man uses a hose to pump water**를 다음과 같이 해석했습니다.

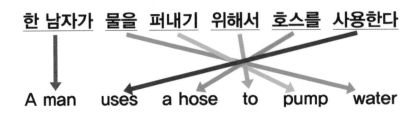

순서가 엉망이라는 거 굳이 말씀드리지 않아도 보이시죠? 주어에서 제일 뒤로
간 뒤, 다시 앞으로 거슬러 올라오는 이런 방식은 이제 그만 하자구요.

　　to가 '~하기 위해서'라던지, to부정사의 부사적 용법이니 그런 말들은 잊으십
시오. to는 그냥 앞으로 나아가는 직선적인 운동을 나타내는 말입니다. 그런데 그
동선이 뒤에서부터 거꾸로 뒤집혀 지니 물리적으로 말이 되지 않는 해석입니다.

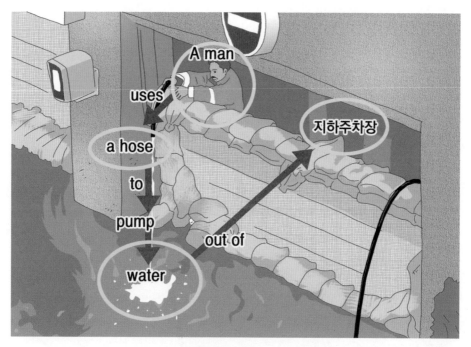

　　그리고 이어지는 문장이 out of an underground car park in Passau,
Germany.입니다. 차근차근 순서대로 풀어보겠습니다. 펌프질 한 물이 나오는 곳
이 있죠. out of 빠져나온 그 곳, 출처가 어딘가 하면 홍수가 나서 물이 찬 지하
주차장입니다. 물이 찬 주차장이 있는 곳이 안이고, 주위를 둘러보니 그 곳이
Passau라는 도시입니다. 그리고 그 도시 밖으로 나가보니 그 곳이 바로 독일이
었습니다.

out of를 지금까지 '~로부터' 이렇게 뒤에서부터 해석하셨죠? 아닙니다. 왜냐하면 문장을 보시면 일단 out of가 먼저 나오지 않았습니까? 물이 지금 밖으로 빠져 나왔는데 그 출처가 어딘지 보는 것이 out of입니다. 그 출처가 물이 흥건한, 홍수가 난 지하 주차장입니다. 그리고 지하 주차장이 나오고 in이 등장합니다. 지하 주차장이 있는 곳이 바로 in 안이죠. 그 곳이 안에 있고, 밖으로 나가보니 그 둘러싼 곳이 어딥니까? Passau라는 도시입니다. 또 그 도시 Passau에서 더 밖으로 나가보니 그곳이 Germany입니다.

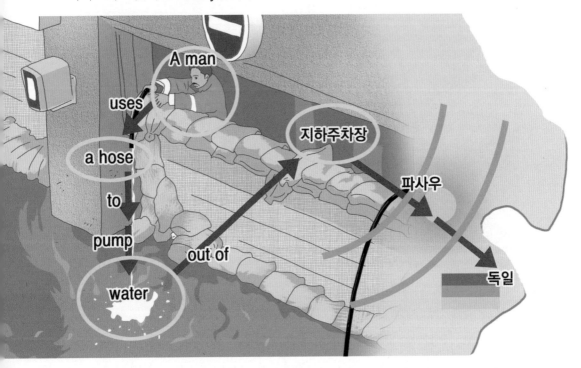

an underground car park in Passau, Germany가 '독일 안에 있는 파사우의 지하 주차장 밖으로'가 아니죠.

이렇게 하고 보니 A man uses a hose to pump water out of an underground car park in Passau, Germany.란 문장이 굳이 우리말로 번역하지 않고도 쉽게 머리 속에 그림이 그려지면서 이해가 되지 않습니까?

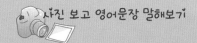

다음 사진을 보고 빨간 화살표(동선)를 따라
문장을 만들어 보세요.

A to B

기존 방식 : 역순으로 이해

B로 A

애로우 잉글리시 : 순서대로 이해

A가 나아가서 만나는 대상은 B

예를 하나 들어 보겠습니다.

A ship is tied to the port.

자, 이번에도 빨간 화살표를 따라가며 공부해 봅시다. 주어가 배(a ship)입니다. **존재하는데**(is) **묶임을 당하고 있습니다**(tied) 묶여서 **나아가서 만나는 대상** (to)은 뭘까요? **항구**(the port)입니다. 이제 전치사 to는 '**~로**' 가 아닌 '**나아가서 만 나는 대상은~**' 으로 바로 잡으셔야 합니다.

A ship ▶ is tied ▶ to ▶ the port.

하나 더 연습해 보겠습니다.

A mother gives a present to her daughter.

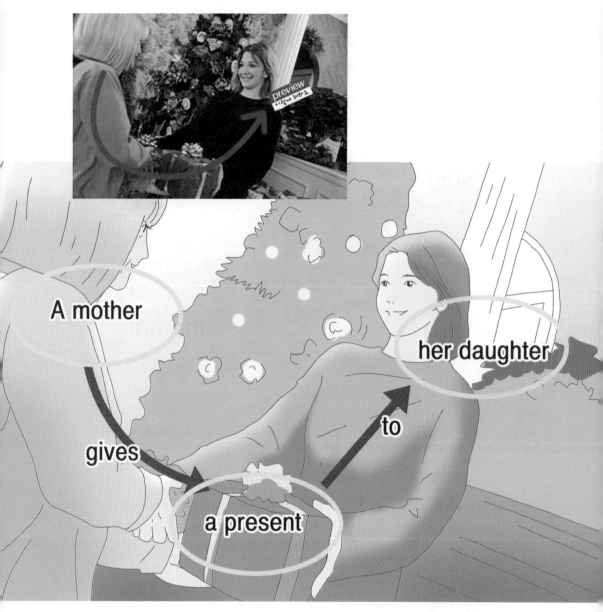

빨간 화살표를 따라가며 공부해 보면 시작점, 주어가 어머니(a mother)입니다. 어머니의 행동이 주다(gives)이고 그 행동이 닿는 대상이 선물(a present)이네요. 이 선물이 나아가서 만나는 것(to)은 무엇입니까? 그녀의 딸(her daughter)입니다.

A mother ▶ gives ▶ a present ▶ to ▶ her daughter.

이번에는 그림 없이 해 보겠습니다. 머리 속에서 주어에서부터 순서대로 이미지를 한번 그려 보세요. 다음 문장에서는 **to** 다음에 명사가 아니라 동사가 나옵니다. 그럴 때는 조금 응용을 해서 **'나아가서 하고자 하는 바는~'** 이라고 하면 됩니다

She studies to pass the exam.

그녀 ▶ 공부하다 ▶ to 나아가서 하고자 하는 바 ▶ 통과하다 ▶ 시험

거꾸로 방식을 적용해서 **'시험을 통과하기 위해서 공부를 한다.'**가 아닙니다.

예전에 학교에 다닐 때 앞에서 등장한 **to**는 **'전치사'**로, 뒤에 나온 to는 **'to부정사'**라고 배우셨을 것입니다. to라는 글자의 모양은 똑같은데 어떻게 알 수가 있죠? 구분하기가 쉽지 않습니다. 이런 것만 보아도 여러분이 학교에서 배운 영어 문법은 실전에서는 잘 활용할 수 없다는 가슴 아픈 현실을 알 수가 있습니다. 영어 문장 어디에 등장하던 간에 **to**는 **to**입니다. 전치사 to는 주어쪽에서 죽 나아가는데 도착하는 도착지가 다음에 나오는 것이지 않았습니까. 여러분 전치사라는 말도 동작으로 이미지가 있으셔야만 영어를 이해하실 때 빠르게 듣자마자 그림이 그려 지지 않겠습니까?

A　out of　B

기존 방식 : 역순으로 이해

B로부터 A

애로우 잉글리시 : 순서대로 이해

A가 빠져나온 대상은 B

예문을 하나 살펴봅시다.

A woman comes out of the memorial museum.

빨간 화살표를 따라가며 공부해 보면 시작점 즉, 주어가 **한 여성**(a woman)입니다. 그 여성이 **오고 있네요**(comes) **밖으로 빠져 나오는 곳은**(out of) 어디였습니까? 옆 사진 속 인물을 기념하는 **기념 박물관**(the memorial museum)입니다.

out of는 ~로부터가 아니라 **빠져 나온 대상은~** 입니다.

A woman ▶ comes ▶ out of ▶ the memorial museum.

of·above

문법적인 것을 먼저 따질 필요 없습니다. 영어라고 하는 것이 이렇게 되는 것이구나! 영어라는 것이 이렇게 굴러가는 것이구나! 일단 이렇게 편하게 접근하시고 이해하시면 영어 학습에서 큰 진보를 하신 것입니다. 제가 첫 번째로 여러분께 기대하는 바는, 일단 뒤에서부터 뒤집지만이라도 말았으면 하는 것입니다.

"영어가 벌써 익숙해진 것은 아니지만 이제 더 이상 뒤에서부터 뒤집는 건 아니다!" 그것만 여러분이 자신 있게 내세우시고 영어를 보실 때마다 아직 잘 안 되지만 앞에서부터 순서대로 이해하고자 노력하신다면 제대로 된 영어의 첫 발자국은 이미 떼어놓으신 겁니다. 이번 강의 영어 문장입니다.

A man climbs up to the top of the mountain, 2400m above sea level.

preview
이렇게 해봐요

편의상 단어를 우리말로 옮겨보았습니다.

한 남자 ▶ 오르다 ▶ up ▶ to ▶ 정상 ▶ of ▶ 산 ▶ 2400미터 ▶ above
▶ 해수면

화살표 대로 앞으로 나가면서 이해를 하고자 할 때 **up, to, above, of**가 걸리실 것입니다. 예전처럼 '**~위로**,' '**~로**' 이렇게 다 뒤로 돌아가는 식으로 이해를 해서는 안 된다는 것은 이젠 다 아시죠? 예전에 어떠했던지 간에 **up, to, above, of**를 이해하는 방식을 바꾸셔야만 합니다.

상식적으로 그림을 그릴 때 지금 보시는 빨간 색의 단어들이 어떤 구실을 하는지, 어떤 그림이 나와야 하는지 영어한테서 한번 배워 보도록 하겠습니다. 이건 제가 만든 독특한 방법이 아니라 살아 있는 언어로서 영어가 주어에서부터 순서대로 가는 그 길을 따라가다 보면 이런 단어들이 어떤 역할을 하는지를 제대로 알 수 있게 되는 것입니다. 먼저 사람이 나와서 등산을 하는데(**climb**), 그 방향이 올라가는 것이겠죠.

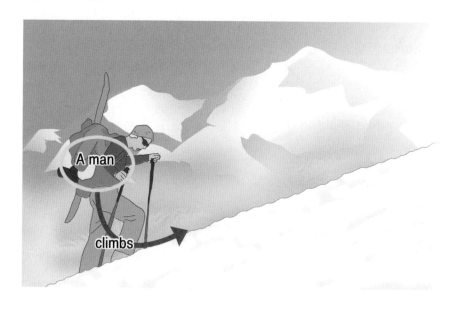

A man climbs 다음에 나온 말이 up 입니다. 이렇게 등산하는 방향이 위죠. 그래서의 up은 '**위로 가는데~**'가 되는 겁니다. 움직이는 방향이 위입니다.

다음 예문을 보겠습니다.

I walk up stairs.

up-으로 시작하는 단어에는 어떤 단어가 있을까요? upstairs라는 단어가 있는데요, 이 upstairs 속에 있는 stairs가 뭐죠? 계단들이죠. upstairs를 그냥 '**위층**' 이렇게 암기하셨었나요? 그런데 단순히 이층이란 말 이상의 의미가 들어 있는 것 같지 않나요? upstairs는 'up + stairs'입니다. 이 말을 순서대로 완전한 문장으로 만들어 보면, **I walk up stairs**가 될 것 같지 않나요? 맞습니다. 예전에 하듯이 '**계단 위로 올라가는**'이 아니라 내가 위로 갔는데 (up) 밟고 지나가는 것이 계단이란 얘기입니다. 이렇게 보니 순서가 정확히 여러분의 동선을 따라가지 않습니까? 그래서 이 말이 여러분의 동선의 끝나는 지점을 나타내서 '**위층**'이라는 단어가 된 것입니다. 그러면 반대로 해볼까요?

Downstairs! 아래로 내려올 때 밟고 내려오는 것이 뭐라고요? 계단이죠. 그래서 이 말은 '**아래층**'이 된 것입니다. (자세한 up과 down은 12강 참조)

이제는 up을 '**~위로**'라고 하지 않으시겠죠.

만약 전치사 up 뒤에 따라오는 명사가 없다면 어떻게 된 걸까요? 내가 올라가는데 그 밟고 올라가는 게 뭐지? 하고 다음 말을 기다리는데 없다면 그건 바로 다 알만하니깐 생략한 것일 뿐입니다. 그럼 본문 **A man climbs up**에서는 up 뒤에 생략된 것은 무엇일까요? 그림에서 바로 이해가 되지 않나요? 바로 산등성이겠지요. 그래서 우리말로 꿰어맞추어 보려고 하실 것이 아니라 그림만 순서대로 머리

속에서 그려보면 뭔가 생략해도 그러려니 하고 자연스럽게 이해가 다 됩니다.

그리고 본문에서 이어져 있는 **up + to**를 살펴보겠습니다.

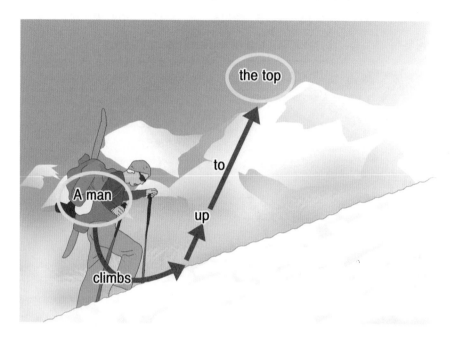

뒤에서부터 뒤집어서 **to**를 '~로'라고 해석하면 안 된다는 것 아시죠? 내가 **up**이라는 동작에 이어서 위로 나아갈 때 목표로 하는 바를 기다리는 말입니다. 그래서 먼저 죽 나아가는 동선에 해당하는 **to**가 목적지보다 먼저 등장해야 하는 것이죠. 우리나라 사람 대부분이 아마 **A man climbs up to**에서 영어 문장이 멈춘다면, **up**과 **to** 다음에 이어지는 목적어가 나오지 않았기 때문에 해석을 안 하고 마냥 기다리고 있을 것입니다. 왜냐하면 '**~으로 위로 등산을 한다**' 이렇게 뒤에서부터 되돌아 가야 하는데 '**~으로**'에 해당하는 말이 안 나왔으니 마무리할 수가 없죠. 그러나 영어는 그런 일이 있을 수가 없습니다. 원어민들은 영어 문장이 진행되는 곳까지 순서대로 이해할 될 수 있기 때문입니다. 그래서 **to**에서 멈추면 같이 멈추고, 건너뛰면 같이 건너뛰고, 그렇게 그냥 넘어갑니다. 영어 문장이 그 지점에서 끝나고 뒤에 이어지는 말이 나오지 않더라도 그곳까지 이해하시면 되는 거죠.

한 남자가 등산을 해서 위로(up) 나아가는(to) 겁니다. 목적지가 안 나와도 가는 겁니다. 그리고 난 다음에 뭐가 나타납니까? 이제서야 목적지가 나타나죠. **the top**이라고.

이렇게 보니 **to**는 '**나아가서 만나는 목적지가~**'였지요. top에 이어서 다음에 나오는 내용이 다음과 같습니다. **the top of the mountain 2400m.**

순서대로 이해를 해보면, 그 정상 **top**이 붙어 있는, 즉 속해 있는 전체 (**of**) 산이 나왔죠. 이 산 높이를 재어봤더니 **2400m**입니다.

우리나라 사람은 높이를 잴 때 자기가 있는 곳에서 위로 높이를 봅니다. 그런데 영어는 먼저 산이 나왔기 때문에 그 산의 입장에서 높이를 재어야 합니다. 산의 높이를 아래에서부터 재는 게 아니고 위에서부터 아래로 내려가면서 재어야 한다는 것입니다. 이것이 바로 원어민식 사고의 전개입니다.

여기서 of는 '**~의**'가 아닌, 연결되어 있는 것이 무엇인가를 기다리는 말입니다. the top of the mountain이 '산의 정상'이 아니라, 단어 순서대로 '정상, 꼭대기(top)가 있는데, 연결되어 있는 그 몸체가 산(the mountain)'이 되는 것이죠.

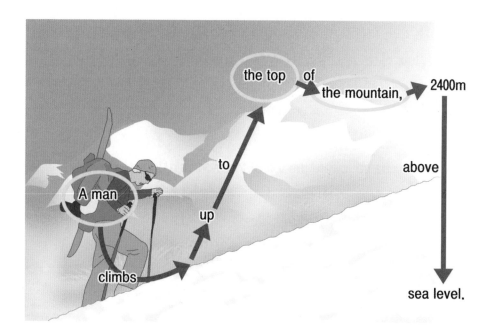

여러분 머리가 있고, of가 연결되어서 전체 몸통이 나오는 그림으로 of를 이해하셔도 좋습니다. 그런데 높이를 재는 시작점이 어디 있습니까? 항상 위에 있죠.

그래서 **above**가 '**~는 위에 있다**'는 의미가 되죠.

above는 '**~위에**'가 아니고, '**A의 위치가 위에 있다**'라는 뜻입니다. 본문 **the top of the mountain, 2400m above sea level**을 보면, 산의 위치가 위에 있다는 말이지요. 그럼 자연스러운 순서에 따라, 산이 위에 있으니까 그 다음에 **above**를 통한 다음 시선은 밑을 향해야 합니다. 그래서 밑을 봤더니 바다가 있지요..

영어를 잘하는 비결은 바로 그림을 어떻게 잘 그리느냐! 그것이 관건이라고 해도 지나치지 않다고 생각합니다. 그런데 그림이란 도대체 어떤 그림이죠? 원어민 식으로 순서대로 그리는 바로 동영상입니다. 주어에서부터 순서대로 가는 그림이죠.

예를 들자면, 나는 기자이고, 카메라를 둘러메고 어떤 범행 현장으로 달려갑니다. 그럴 때 이 기자는 카메라에 무엇이 들어올지 모릅니다. 그냥 카메라를 메고 달려갈 뿐입니다. 카메라 속으로 화면이 촥촥촥 들어올 때 그냥 그것을 전송해서 본사로 생방송으로 보내줄 뿐입니다.

A man climbs up toward the top of the mountain, 2400m above sea level.
에서 영어는 여러분이 카메라로 찍기 시작한 주어인 한 남자로부터 달려가는 겁니다. 이 주위에 어떤 배경들이 있는지는 신경 쓸 필요가 없습니다. 카메라에 다담을 수도 없습니다. 영어는 이 남자만 볼 뿐입니다. 이 뒤에 있는 배경은 안 보입니다. 이게 중요합니다.

다음 사진을 보고 빨간 화살표(동선)를 따라
문장을 만들어 보세요.

A of B

기존 방식 : 역순으로 이해

B의 A

애로우 잉글리시 : 순서대로 이해

A와 밀접한 관련이 있는 것은 B

예를 하나 들어 보겠습니다.

A man drinks a bottle of beer in his room.

preview
이렇게 해봐요

'방에서 그는 맥주 한 병을 마신다' 예전에 이렇게 했겠지만 이제는 아래처럼 해보세요

한 남자 ▶ 마시다 ▶ 한 병 ▶ of 밀접한 관련이 있는 것은 ▶ 맥주
▶ in 안에 있고 둘러싼 것은 ▶ 그의 방

순서대로 **'그 남자가 마시는데 한 병이고, 그 병과 밀접한 관련이 있는 대상은 (of) 맥주'**가 됩니다.

A　above　B

기존 방식 : 역순으로 이해

B를 위해 A

애로우 잉글리시 : 순서대로 이해

A가 위에 있고, 아래 있는 것이 B

예문을 하나 살펴봅시다.

The airplane is flying 1000 feet above the land.

'1000 피트 상공에서 비행기가 날고 있다' 예전에 이렇게 했겠지만 이제는 아래처럼 해보세요 핵심은 주어에서부터 빨간 화살표를 따라 순서대로 사고하는 것입니다.

비행기 ▶ 날다 ▶ 1000 피트 ▶ above 위에 있고 아래 있는 것은 ▶ 육지

순서대로 '비행기가 날고 있는데 그 높이가 1000 피트이고 빨간 선을 따라 주어인 비행기로부터 계속 확장해 가면 아래에 있는 것은 육지'가 됩니다.

The airplane is flying 1000 feet above the land.

다시 한번 예문을 통해 정리해 볼까요?

A helicopter flies above the car and people in the port.

헬리콥터 ▶ 날다 ▶ above 위에 있고 아래 있는 것은 ▶ 차와 사람들

▶ in 안에 있고 둘러싼 것은 ▶ 항구

전치사 **of**와 **above**를 바로잡았으니 이제는 종합적으로 연습해 볼까요?
문장을 먼저 보지 말고 그림과 빨간 화살표를 통해 유추해 봅시다.

A group of birds fly above the sea.

멀리서 보니 한 무리가 있는데 새들이네요. 그들이 날고 있습니다. 위에 있고
아래 있는 것은 바다네요. 자, 이제는 영어로 해볼까요?

A group ▶ 밀접한 관련이 있는 것은(of) ▶ birds ▶ fly

▶ 위에 있고 아래에 있는 것은(above) ▶ the sea

against

왜 제가 이 책 제목을 Arrow(화살) English라고 지었을까요?

시위를 떠난 화살은 그냥 휙 날아가 버리죠. 그처럼 영어도 입 밖으로 나가면 돌아오지 않습니다. 휙~ 하고 내 귓전을 통해 지나가는 영어 단어의 소리를 지나가는 순서대로 듣고 이해해야만 합니다. 그래야 영어 듣기가 되는 것입니다. 순서대로 가는 영어, 참된 직독직해겠죠, 읽자마자, 듣자마자 이해할 수 있는 영어! 그 기반은 바로 Arrow English에 있습니다. 이번 강의 영어 문장입니다.

A tiger fights against the other one in a pool of water at the zoo.

영어 문장이 나오면 일단 한 번 읽고 난 다음에 제대로 이해하려고 하는 버릇부터 없애야 합니다. 되던 말던 무조건 영어 문장을 주어에서부터 차근차근 한 단어씩 그림으로 바꾸어 가면서 이해를 먼저 해봐야 합니다. 이 책에서는 빨간 화살표만 따라 가세요.

A tiger fights

그림에 호랑이가 둘 보입니다. 주어가 왼쪽에 있는 호랑이입니다. 싸우고 있
네요.

그리고 나서 against가 등장했습니다.

A tiger fights against the other one

호랑이가 싸우는데 빨간 화살표를 따라가다 보면 싸우는 상대 호랑이가 나옵니다. 주어인 한 호랑이(왼쪽)가 지금 대항하는 대상이 누굽니까? 다른 호랑이(오른쪽)입니다. 이렇게 against를 보자 마자 바로 **'대항하는 대상은~'**하고서 바로 다음의 그 상대를 기다려야 합니다. against는 **'~를 대항해서, ~에 대해서'**가 아니라, 바로 내가 맞서는 대상이 나와야 하는 거죠. 그냥 against만 나오고 뒤에 이어지는 말이 아직 나오지 않았더라도 **fight** 싸우다 그러면 맞서는 대상은 누구지? 이렇게 기대하면서 문장을 읽어 나가면 되는 겁니다.

그리고 나서 이어지는 내용은 in a pool of water at the zoo입니다.

in은 이미 여러 번 했죠? **'안에 있고 둘러싼 것은~'**하고 그 다음에 웅덩이가 나오는 겁니다. 그리고 웅덩이와 밀접하게 관련이 있는 것은 물입니다. 그리고 **at** 점으로 만나는 장소는 동물원입니다.

A tiger ▶ fights ▶ against ▶ the other one ▶ in ▶ a pool ▶ of ▶ water ▶ at ▶ the zoo.

다음 사진을 보고 빨간 화살표(동선)를 따라
문장을 만들어 보세요.

A against B

기존 방식 : 역순으로 이해

B에 대항하여 A

애로우 잉글리시 : 순서대로 이해

A와 맞부딪히는(맞서는) 것은 B

A car collides against the tree.

차가 ▶ 충돌하는데 ▶ 맞부딪히는 것은 ▶ 나무죠.

차가 달리다가 충돌하는데 맞부딪히는 것이 있습니다. 그것은 나무죠. 여기서 against의 위치에 주의해야 합니다. Against가 있는 그 자리에서 바로 '맞서는 대상은?' 이렇게 순서대로 이해하고 다음 말을 기다리며 넘어갈 수 있어야 합니다.

하나 더 보고 넘어갈까요?

People attend a protest against the United States.

사람들이 ▶ 참석합니다 ▶ 한 항의집회 ▶ against(반대하고 맞서는 대상이 무엇인가 보았더니) ▶ 미국입니다.

영어로 나열하면

People attend a protest against the United States.

across

이번 강의 영어 문장입니다.

Lightning strikes across the sky above the church in downtown Zurich, Switzerland

어떻습니까? 읽자마자 그림이 잘 그려지시는지요? 기존의 해석 방식은 '**교회 위에 있는 하늘을 가로질러 번개가 치고 있다**'였을 것입니다. 일단 영어 문장을 한국말로 뒤에서부터 뒤집지 않고, 그냥 순서대로 단어를 한번 나열해 보겠습니다.

Lightning strikes across the sky above the church in downtown zurich, Switzerland

번개 ▶ 치다 ▶ across ▶ 하늘 ▶ above ▶ 교회 ▶ in ▶ 번화가 ▶ 취리히시 ▶ 스위스

이제 순서대로 그림으로 살펴보겠습니다.

Lightning ▶ strikes ▶ across ▶ the sky

벼락이 ▶ 쳤습니다 ▶ across(쭉 가로질러 갔는데 가로지른 대상이) ▶ 하늘

above ▶ the church

above(그 상황이 위에 있고 아래에 있는 것이) ▶ 교회죠.

그림을 하나의 연속 사진으로 만들어 보겠습니다.

이 문장에서 제일 중요한 것은 **across**와 **above**입니다.

above는 '~위에'가 아니고 주어가 나인 경우 내가 위에 있는 것입니다. 내가 위에 있고, 그래서 다음의 시선 처리가 그 아래로 가야 합니다. 내가 위에서 있고, 아래에 무엇이 있는지 보는 사고로 바뀌어야 합니다.

across는 '~을 가로 질러'가 아니고, 내가 가로지르는데 그 가로지르는 대상이 무엇인지, 이런 순서로 가야만 합니다.

이제 그 다음에 이어지는 **in downtown Zurich, Switzerland**를 봅시다.

제대로 된 이해를 하기 위해서는 바로 그림을 그려보는 것이 최상의 방법입니다. 언어, 말이란 것은 내가 본 그림, 내가 머릿속에서 생각한 그림을 다른 사람의 머릿속으로 언어를 이용해 전달해 주고자 하는 것이기 때문입니다. 영어라는 언어로 그림을 그리는 핵심은 주어에서부터 순서대로 확장하는 단순한 법칙입니다. 도움을 주기 위해 아래와 같이 전체 그림을 그려 보았습니다.

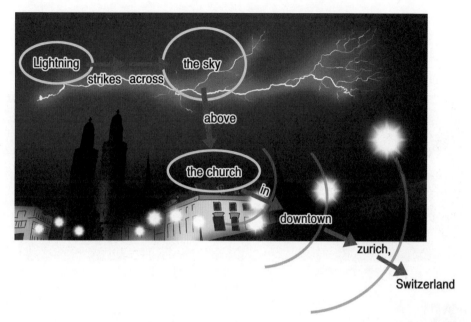

주어인 **Lightning**에서 시작한 빨간 화살표를 따라 가서 **above**를 지나 **church**라는 단어까지 오셨나요? 교회 다음에 오는 단어가 **in**입니다. **안을 둘러싸고 있는 것이(in)** ▶ 바로 **다운타운 번화가**이고, 번화가 **밖으로 나가보니** ▶ **취리히 시**이고 ▶ 취리히 시 밖으로 나가보니까 **스위스**죠.

특히 장소 문제에 있어서는 뒤에서 앞으로 돌아올 이유가 없습니다. **'스위스 취리히 안에 있는 다운타운 번화가 안에 있는 교회'**가 아닙니다. 교회가 일단 처음 시작 기점이죠. 그리고 그 교회가 안에 있고, 주위를 둘러싼 것이 뭔가 하고 둘러보니까 도심입니다. 그리고 도심 밖으로 더 나아가보니 취리히, 그 다음에 스위스가 되는 것이 논리적 확장의 개념이죠.

명동 성당을 한 번 생각해 볼까요?

명동 성당이(in) 안에 있고, 둘러보면 어디겠습니까? 명동이겠죠. 명동 밖으로 나가보시면 서울이겠죠. 서울 밖으로 나가보시면 **South Korea**, 또는 **Korea**라고 하시면 되겠죠. **the church in Myungdong in Seoul, Korea.** 영어를 제대로 잘하기 위해서는 이 확장되는 사고가 몸에 배어 있으셔야 됩니다.

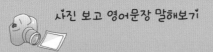
다음 사진을 보고 빨간 화살표(동선)를 따라
문장을 만들어 보세요.

기존에 알고 있던 전치사 의미를 애로우 잉글리시를 통하여 새롭게 이해해 보세요.

A　across　B

기존 방식 : 역순으로 이해

B를 가로질러 A

애로우 잉글리시 : 순서대로 이해

A가 가로지르는데 그 대상이 되는 것이 B

아래 문장을 봅시다.

A woman walks on the log across the stream.

preview
이렇게 공부해요

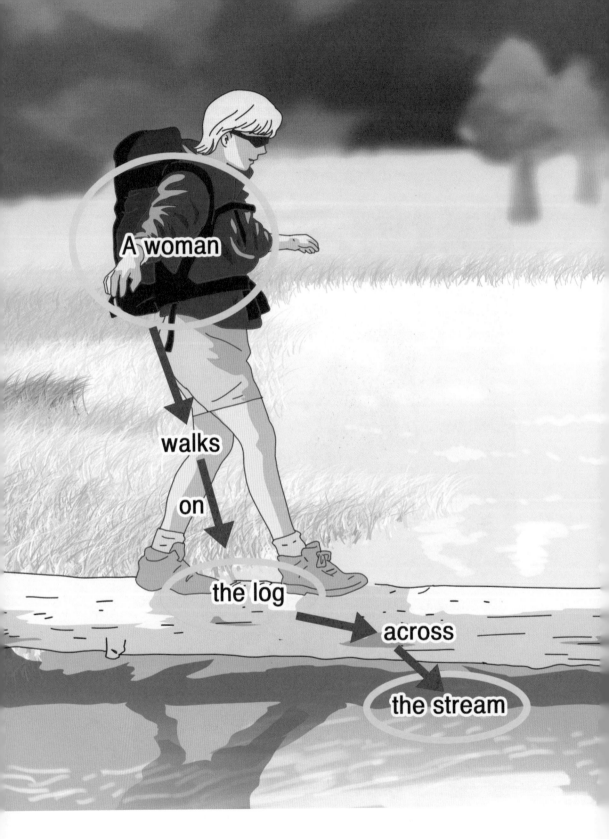

A woman ▶ walks ▶ on ▶ the log ▶ across ▶ the stream.

한 여인이 ▶ 걸어가고 있는데 ▶ 발이 닿는 면이 통나무이고 ▶ 그 통나무가 가로지르죠? ▶ 가로지르는 대상이 뭘까 기다려야 합니다 ▶ 바로 The stream 개울이 나왔습니다.

across란 단어가 왜 the stream보다 먼저 등장할까요? 그건 바로 걸어가면서 그 동작으로 인해 동선을 가로지르기 때문이죠. 이 걸어가는 동작과 가로지르는 동작이 연속으로 이어져 나가는 것입니다. 결과적으로 가로지르는 대상이 뭘까요? the stream, 시내죠.

여기서 잠깐 across란 전치사의 글자를 보시겠습니다. a+cross죠? a라는 알파벳은 앞으로 나아가는 뉘앙스입니다. '어'하고 발음을 해보면 앞으로 나가는 느낌이 들 겁니다. 그리고 나서 cross로 이어지죠. 십자가를 그린다는 얘깁니다. 그렇다면 across는 글자의 모양만 봐도, 어떤 앞선 동작이 이 동작의 동선과 함께 십자가 모양을 그리는 동선을 만나게 된다는 말이지요. 그래서 이 across 다음에는 가로지르는 대상이 오게 되는 것은 너무나 당연한 결과인 것 같습니다.

across 하나 더 연습해 보겠습니다.

Children walk across the road to the bus.

아이들(children)이 주어입니다. 이 아이들이 걷고 있네요.

그리고 나서 걷는 동선이 **across,** 즉 가로질렀습니다. 그 가로지르는 대상이

무엇일까요? 그 대상은 바로 **길(the road)**입니다. 그리고 나서 나아가서 만나는 것이 **버스(the bus)**입니다.

영어로 나열을 해보면

Children ▶ walk ▶ across ▶ the road ▶ to ▶ the bus.

around

생각이 바뀌면 행동이 바뀝니다. 행동이 바뀌면 그것이 나중에 습관이 됩니다. 그 새로운 습관이 여러분들의 인생까지 바꾸어 놓는다고 하지 않습니까? 이렇게 바뀐 영어의 생각이 영어의 행동을 바꾸고, 영어의 습관을 바꾸고, 나아가서 여러분 영어의 운명이 바뀌어 지는 시간이 되기를 원합니다.

이번 강의 문장입니다.

A helicopter turns around a huge table in a field.

일단 전치사 부분만 두고 나머지 단어들을 우리말로 바꾸어 보겠습니다.

한 헬리콥터 ▶ 돈다 ▶ around ▶ 한 거대한 탁자 ▶ in ▶ 한 들판

차근차근 살펴보겠습니다. 일단 헬리콥터가 등장했습니다. 그리고 돌고 있습니다. 그리고 나서 **around**가 나왔습니다.

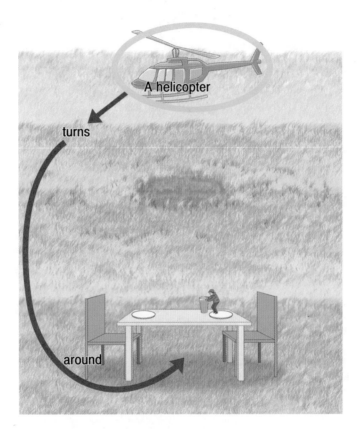

A helicopter ▶ turns ▶ around

그림을 보시면 헬리콥터가 돌면서 만들어내는 동작이 둘러싸는 모습입니다. **turn ▶ around,** 이 순서가 너무나 자연스럽지요? 헬리콥터가 돌면서 그 동선이 둘러싼다는 것입니다.

그리고 나서 둘러싸는데 그 안에 있는 대상이 무엇인가 봤더니 **a huge table,** 하나의 거대한 테이블이 나왔습니다.

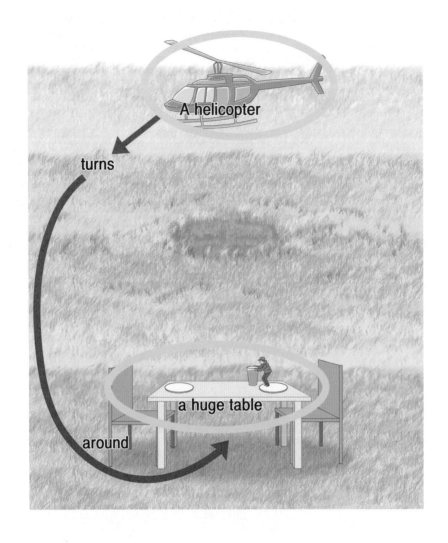

A helicopter ▶ turns ▶ around ▶ a huge table

그리고 나서 그 거대한 테이블 조형물이 어디에 있습니까? **in,** 즉 안에 있습니다. 둘러싼 지역이 뭔지 보니 **a field,** 들판이네요.

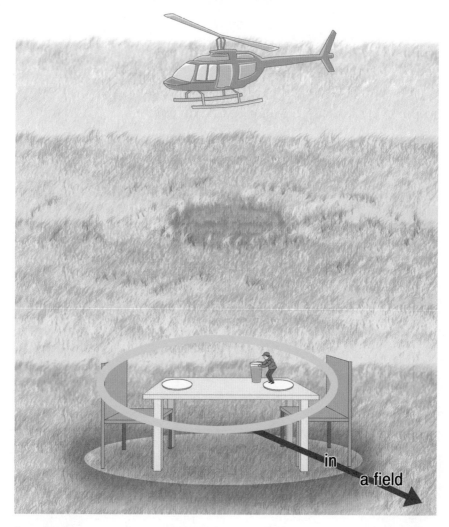

in a field.

　그림이라는 도구는 참 영향력이 있습니다. 지금까지 영어 문장을 내 것으로 만들기 위해서는 무조건 외워야만 했습니다. 억지로 머리에 집어넣어야 했던 거죠. 그러나 그림을 이용하면 놀랍게도 딱 한 번만 보아도 그 장면이 눈을 감아도 선하게 나타납니다. 옛날 첫사랑 생각나십니까? 좋아하던 상대가 우연히 스쳐 지나갈 때, 그 많은 사람 중에서도 한눈에 누군지 바로 알아차리지 않았나요? 그 후에도 스쳐 지나간 그 모습이 오랫동안 머릿속에서 떠나지를 않죠? 이러한 그림의 장점, 시각화의 장점을 영어 공부에 이용해 보십시오. 인간이 가진 아주 놀라운 능력을 이용하는 것입니다.

다음 사진을 보고 빨간 화살표(동선)를 따라
문장을 만들어 보세요.

A   around   B

기존 방식 : 역순으로 이해

B의 주위에 A

애로우 잉글리시 : 순서대로 이해

A가 둘러싸는데 그 안에 있는 것은 B

다음 문장들을 통해 **around**를 좀 더 훈련했으면 합니다.

People are gathering around a limo.

순서대로 이해해 봅시다. **사람들 ▶ 모여 있는데 ▶** around를 만나면서 그 모습이 둥글게 둘러싸고, 그 둘러싸고 있는 게 뭔지 기다려지죠? 시선은 안쪽으로 가야 합니다.

▶ 그 대상은 바로 **한 대의 대형 고급 승용차**입니다.

around는 뒤에 이어지는 승용차의 것입니까, 아니면 앞에 나오는 사람들이 모여드는 모습입니까? 사람들이 모여드는 그 동작의 모습이 around라는 것이죠. Around가 승용차보다 먼저 나오는 것은 그럴만한 이유가 있기 때문입니다. 사람들이 모여드는 모습이 around이기 때문에 먼저 그 모습이 나오고, 그 안에 있는 것이 무엇인지가 따라오는 겁니다.

또 다른 문장을 가지고 훈련해 보겠습니다.

Children sit around food on the ground.

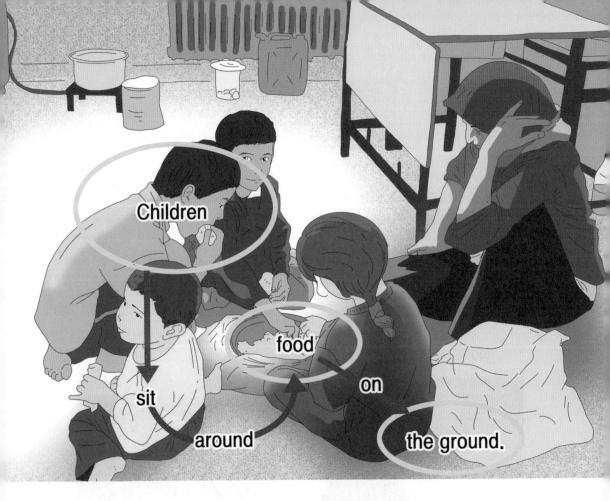

다시 한번 순서대로 이해해 봅시다. **아이들이** ▶ **앉아 있는데** ▶ around를 만나면서 그 모습이 둥글게 둘러싸고, 그 둘러싸고 있는 게 뭔지 기다려지죠? 시선은 안쪽으로 가야 합니다. ▶ 그 대상은 바로 **음식(food)**입니다 ▶ 그리고 **면으로 접촉하는 것(on)**이 ▶ **바닥(ground)**입니다.

Children ▶ sit ▶ around ▶ food ▶ on ▶ the ground

on

영어를 할 때 가장 황당한 경우가 어떤 경우인지 아십니까? 해석이 안 되는 문장에서 모르는 단어를 사전에서 뜻을 다 찾아 보았는데도 전체적으로 이해가 되지 않는 경우입니다. 모르는 단어도 다 찾았으니 더 이상 할 것도 없는데 이해가 안 가니 얼마나 당황스럽습니까? 그 이유는 바로 단어의 문제가 아니라 영어 골격을 모르기 때문입니다.

영어의 골격에 해당하는 부분들을 먼저 바로잡아 주어서, 단어만 알면 영어를 이해하고 받아들이는 데 전혀 문제가 없도록 하는 것이 이번 책의 가장 주된 목적입니다. 이번 강의 문장입니다.

A man bathes on a field with flowers on the shore of a lake.

예전에 해오던 방식은 제일 뒤에 있는 단어인 **a lake**부터 시작하는 것이었죠. 하지만 영어는 단어가 나오는 순서 그대로 그림이 그려지죠. 그러므로 이제부터는 제일 뒤에 나온 단어가 아니라. 제일 앞에 나온 단어부터 순서대로 원어민식 이해를 해야 합니다.

A man bathes on a field

한 남자가(a man) ▶ **목욕을 하고 있습니다**(bathes) ▶ **on** 목욕하는 남자가 어디에 붙어 있다는 말이죠? 붙어 있는 그곳이 어딘가 봤더니 ▶ **들판**(a field)입니다.

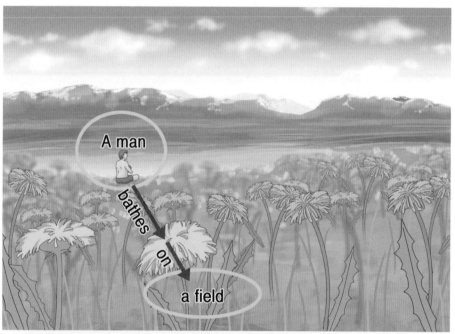

A man ▶ bathes ▶ on ▶ a field

들판에서 이 남자가 일광욕을 하고 있는 것입니까? 아니면 이 남자가 일광욕을 하며 붙어 있는데 그곳이 들판입니까? 본문의 단어 순서를 보세요. **a field** 보다 **on**이 먼저 나오고 있죠? 순서대로 이해해야 합니다. 그러므로 '**그 면이 붙어 있는 대상이 바로 들판이다**'가 자연스러운 영어식 이해입니다.

with~ 를 보자마자 '~와 함께' 이렇게 이해하지 마시고, '함께 하는 게 뭔지' 하고 보시면 됩니다. 1강에서 박지성 선수가 나오는 문장에서 배웠던 것 기억나시죠?

앞에 **a field, 들판**이 나왔고, 들판과 **함께 하고 있는 게** 무엇인지 봤더니
▶ **활짝 핀 꽃들**입니다.

　그 꽃이 어떻다는 건가 하고 계속 이어서 나가 보면 **on**이 또 나옵니다. 그 꽃 줄기의 밑둥치 뿌리 부분이 붙어 있는 면이 무엇인가 봤더니 바로 ▶ **the shore, 기슭**입니다.

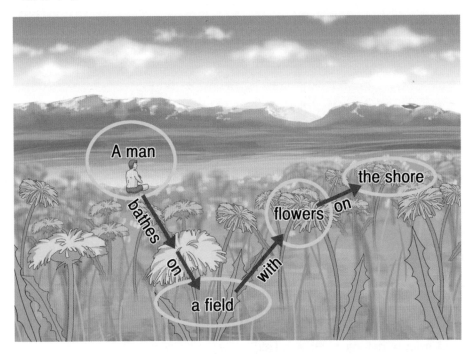

그리고 ▶ **of, 연결 되어있는 대상**이 뭔가 봤더니(전체가 무엇인지 봤더니)
▶ **호수**입니다.

of ▶ a lake

of~ 기억나시죠? 다시 한 번 더 짚고 넘어갑니다. of만큼 많이 등장하는 전치사도 없습니다. '~의'가 아니라 **'연결되어 있는 밀접한 관계가 있는 대상이 무엇인지가 ~'**가 of였습니다.

A top of a mountain 기억 나십니까? top이 나왔는데, 이 top이 연결되어 있는 전체가 산이었잖아요. 이해의 방향이 top에서부터 전체로 내려오는 거죠.

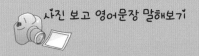
다음 사진을 보고 빨간 화살표(동선)를 따라
문장을 만들어 보세요.

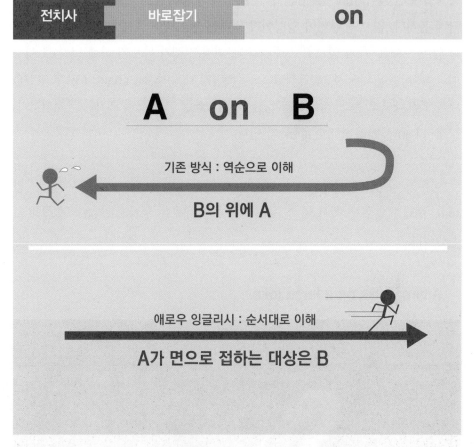

전치사 | 바로잡기 | **on**

A on B

기존 방식 : 역순으로 이해

B의 위에 A

애로우 잉글리시 : 순서대로 이해

A가 면으로 접하는 대상은 B

지금까지는 on을 '**~의 표면에**' 또는 '**~에**' 이렇게 해석하셨죠? 이제 이렇게 바꾸시자구요. 먼저, **면을 접하고 있는데, 그 대상이 무엇인지 보는 것**, 그것이 바로 **on**의 원래 의미이자 모습입니다.

on을 발음해 보세요. 혀가 입 천정에 척 붙으면서 달라붙는 느낌이 들지 않나요? 이처럼 영어는 글자, 소리가 다 의미와 상관 관계가 있다는 것 흥미롭지 않습니까? 이렇게 글자의 모양과 소리를 이용하면 단어의 의미가 쉽게 기억되고, 잘 잊혀 지지 않고, 또 쉽게 기억나는 좋은 효과를 많이 보고 있습니다.

이번 강의에 나왔던 목욕하는 사람을 떠올려 봅시다. 그리고 나서 그 사람의 동작을 보면 앉아 있죠. 앉기 전에, 앉는 동작의 움직임을 느린 장면으로 한번 생각해 봅시다. 앉으면 당연이 엉덩이가 접하는 면이 먼저 나오지요? 여러분도 한번 앉아 보세요. 내가 앉으려고 내려갈 때 의자 전체가 나오기 전에 먼저 그 엉덩이가 닿는 면이 나오지요? 그리고 그 접촉면의 대상이 **the chair**(의자)가 되겠습니다. **I sit** 내가 앉는데, **on** 그 붙어있는 면이, **chair** 그 대상이 의자라는 것입니다. 그래서 **I am sitting on the chair** 가 됩니다.

아무리 이해를 잘한다고 해도 내 것으로 완전히 만들기 위해서는 훈련밖에 없어요. 여러번 훈련을 해서 내 것으로 만듭시다. 새로운 문장으로 **on**을 훈련해 보겠습니다.

A bird walks on a large lake.

A bird ▶ walks, 한 마리의 새가 걸어가고 있죠. on ▶ a large lake, 그런데 붙어있는 **그 면이** ▶ **큰 호수**네요. 그림으로 순서대로 옮겨 보겠습니다.

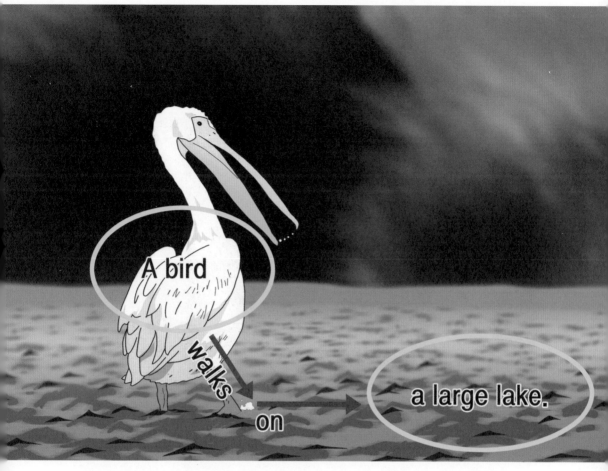

한 마리의 새 ▶ 빨간 화살표를 따라가다 보면 **다리**가 보이죠, walks 걸어가고 있죠 ▶ 그때 on, 그 발바닥이 접하고 있는 면이 뭔가 봤더니 ▶ a large lake

여기서 on 뒤에 이어져 나오는 **a large lake**가 없더라도 on의 존재 의미는 독립적으로 있는 것입니다. on 뒤에 아무 말도 오지 않더라도 **"접한 면이 뭔가 있겠구나"** 하고 그냥 상식에 맞춰 생각하면 되는 것입니다. 다 알만하니깐 굳이 on 뒤의 단어를 말하지 않았을 뿐입니다.

한 문장 더 보겠습니다.

A man paints the national flag on a cow.

위의 그림을 보면서 한 남자에서 확장해 가는 빨간 화살표를 따라 시선을 이동시키셨나요? 자, 그러면 시작해 보겠습니다.

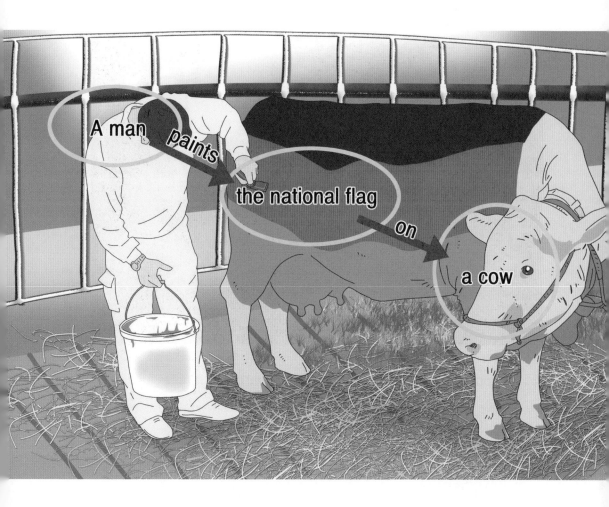

한 남자가 ▶ 칠하고 있네요 ▶ 국기 ▶ on 면이 접하는 대상은 ▶ 소입니다.

'**국기를 칠하고 있다**'가 아니고 영어식 사고는 주어에서부터 가까운 순서대로 이니 칠하고 있는 것이 ▶ **국기**입니다.

또 다른 문장으로 훈련해 봅시다. **on**은 중요한 전치사이기 때문에 아무리 훈련해도 과함이 없을 것 같습니다.

A child sprays water on the face of a participant.

한 아이가 뿌리고 있습니다. 뿌리는 것이 뭔가 하니 물이네요 물이 **on** 붙어있는 그 대상이 뭔가 봤더니 얼굴입니다. 얼굴이 **of** 밀접한 관련이 있는 것은 어떤 대회 참가자입니다.

A child ▶ sprays ▶ water ▶ on ▶ the face ▶ of ▶ a participant.

on에 대해서 꼭 알고 계시야 하는 사항 중의 하나가, on은 위치하고는 상관이 없다는 것입니다. 면이 접촉만 되어 있다면 붙어있는 곳이 바닥이건 옆면이건 어디든지 다 on을 쓸 수 있는 것입니다.

off

영어에 있어서 단어와 단어를 연결해 주는 가장 간단한 연결고리가 전치사입니다. 그런데 예전에 우리는 이 전치사들을 너무나 비상식적으로 배워왔던 것 같습니다.

차를 운전해 가다가 신호등이 나타나면 어떻게 하죠? 지나가고 난 뒤에 돌아보고 **"빨간 불이었네!"**라고 소리치는 분은 없으시죠? 신호등은 왜 있습니까? 차가 신호등 앞에 다다랐을 때 우리에게 어떻게 하라고 동작을 지시해 주는, 다음에 나아가야 할 위치를 지시해 주는 것이 바로 신호등입니다. 영어에서 신호등이 바로 전치사입니다. 전치사가 영어 문장 가운데 나왔을 때, 그 전치사는 신호등처럼 전치사 앞에 도착한 영어단어가 어떻게 해야 할지를 알려주는 표지판과 같은 말입니다.

그러나 지금까지 우리는 이 영어의 신호등인 전치사를 만나면 어떻게 했나요? 전치사가 나오면 신호등을 무시하고 지나가듯이 그냥 휙 지나치고난 뒤 돌아보면서 **"~에, ~와, ~를 향해, ~와 함께였네!"**라고 이해했지요. 이렇게 했으니 영어가 교통사고가 나지 않았겠습니까? 어떤 분들은 영어가 교통 사고가 나서 그냥 영어의 삶을 포기하신 분도 계십니다.

영어가 다시 살아나는 방법! 의외로 간단합니다. 도로에서 법규대로 규칙만 잘 지키시면 되고, 질서만 제대로 지키시면 사고 날 일이 없습니다. 영어에 있어서는 그 법규가 바로 원어민의 머릿속에 있는, 원어민이 가지고 있는 사고 방식입니다. 지키기만 하면 아무것도 아닌 그 쉬운 영어의 제대로 된 규칙을 이번 강의를 통해 다시 한 번 더 배워보도록 하겠습니다.

이번 강의 문장입니다

A boat anchors off the coast of an island for the night.

차근차근 순서대로 살펴보겠습니다. **한 보트 ▶ 닻을 내리다.**

A boat ▶ anchors

그리고 나서 **off**가 나옵니다. **보트가 ▶ 닻을 내리고 ▶ 그 위치가 떨어져 있다**고 합니다.

떨어져 있는 그 대상이 뭔가 봤더니 ▶ the coast 해안입니다.

A boat anchors off the coast.

'해안으로부터 떨어진 곳에 한 요트가 닻을 내리다'가 아니죠. 닻을 내린 지점에서 떨어져 있는 그 대상이 무엇인가 봤더니 the coast인 것입니다. 이처럼 이제 **off**가 나오면 바로 **'분리되어 있는데 그 대상이 뭐지?'**하고 다음 말을 기다리는 겁니다.

그 해안과 **'밀접한 관련이 있는 것이 무엇인지~'**를 나타내는 ▶ of를 통해 이어집니다. 해안과 밀접한 관련이 있다는 말은 곧 이어진 땅을 말하겠죠. 바로 근처의 섬입니다.

A boat ▶ anchors ▶ off ▶ the coast ▶ of ▶ a nearby island

앞 문장의 장면 전체가 for로 이어지죠. ▶ **'목표로 하는 바는~'**이라고 이해하면서 그 목표를 기다리며 앞으로 나아가 봅니다. 그 목표는 바로 ▶ **'밤'**입니다. 이곳에 닻을 내린 목표가 바로 밤을 보내기 위함이란 것을 알 수 있습니다.

A boat ▶ anchors ▶ off ▶ the coast ▶ of ▶ an island ▶ for ▶ the night

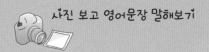

다음 사진을 보고 빨간 화살표(동선)를 따라
문장을 만들어 보세요.

A　off　B

기존 방식 : 역순으로 이해

B에서 떨어져 A

애로우 잉글리시 : 순서대로 이해

A가 떨어져 있는 대상은 B

연습 문장들을 통해 훈련해 봅시다.

A snowboarder jumps off the cliff.

한 스노보드 타는 사람 ▶ 점프하다 ▶ off, 분리가 되었네요. 분리가 된 대상은 ▶ the cliff, 벼랑입니다.

'**한 스노우 보드 타는 사람이 지금 벼랑에서 점프하다**'입니까? 그가 떨어졌는데 그 분리된 대상, 그 대상이 뭔가 하면 벼랑입니다.

이제 전체 사진으로 한번 보시면서 주어에서부터 동선 살펴 보시죠.

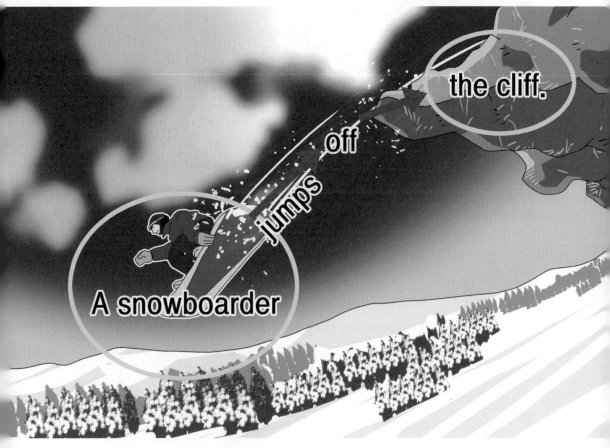

A snowboarder ▶ jumps ▶ off ▶ the cliff.

off란 보자마자 **"떨어졌구나!, 분리되었구나!"**라고 즉각적으로 이해를 하고 난 뒤, 떨어져 나온 대상이 뭔지를 기다리시기만 하면 됩니다.

다음 문장을 보죠.

Children get off the bus.

그림으로 보면 아이들이 버스에서 내리고 있는 장면입니다. 주어에서부터 순서대로 해볼까요? 우선 주어가 아이들(**children**)이 있고 이 아이들이 나아가고 (**get**) 있습니다. 그러면서 딱 분리가 되죠. 뭐하고 말입니까? **the bus**, 버스입니다.

Children ▶ get ▶ off ▶ the bus.

다음 문장을 보겠습니다.

A receiver lies off the telephone.

위의 문장을 그림으로 하나 하나 순서대로 빨간 화살표를 따라 공부해 봅시
다.

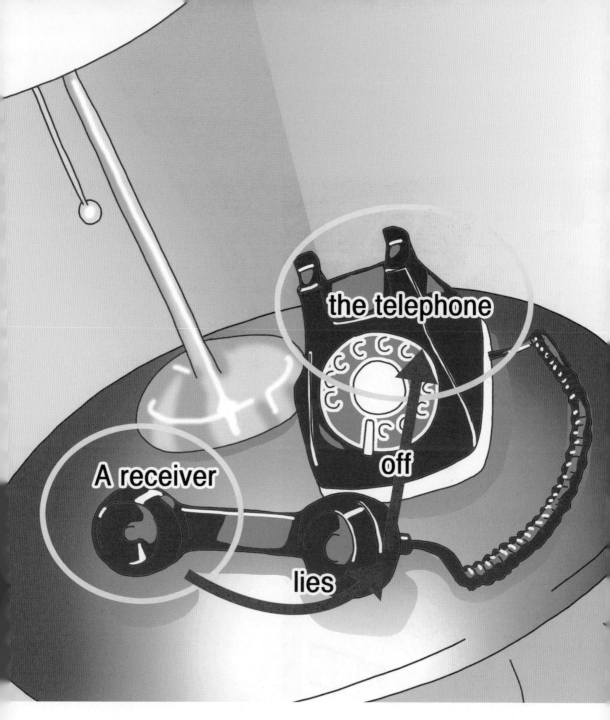

수화기 ▶ 놓여 있다 ▶ 분리된 대상은 ▶ 전화기

A receiver ▶ lies ▶ off ▶ telephone

from

영어를 이곳 저곳에서 가르치다 보면, 한 목소리로 하시는 얘기가 **"읽기도 좀 되고, 듣기도 그보다는 못해도 좀 되지만, 말하기 speaking은 영~ 안 됩니다."** 이 거죠.

그래서 이번 강의에서는 말하기에 대해 간단히 배워본 후 본문으로 넘어가겠 습니다. 아래의 사진을 한번 보시죠.

preview
이렇게 해봐요

이 사진을 보고 영어로 말을 해보라고 하면 사람들은 대개 한국말부터 만들고 봅니다. **"훈련 중에 경찰관이 지금 헬리콥터에서 줄을 타고 건물 옥상으로 내려온다."** 이런 식으로 말이죠. 그리고 난 다음에 단어를 생각하고, 그런 다음에 영어 식으로 어순을 맞추죠. 이런 단계가 영어로 말하는 유일한 방법이라면, 정말 영어로 말하기는 힘든 고난의 가시밭 길이 아닐 수 없습니다.

영어를 말함에 있어서 가장 첫 번째는, 우리가 매 강의마다 공부해 왔듯이 **"영어가 어떤 순서대로 나아가느냐?"**를 이해하는 것입니다.

이제 사진을 영어로 바꿔 말하는 방법에 대해 알려드리겠습니다.

전체 장면이 눈에 들어온다고 할지라도, 영어는 죽었다 깨나도 주어를 하나 잡아서 시작해야 합니다. 위 사진은 당연히 등장 인물이 주어가 되는 것이 좋을 듯합니다. 물론 헬리콥터가 주어가 될 수도 있고, 건물이 주어가 될 수도 있습니다. 이렇게 주어를 달리해서 연습하는 것은 나중에 더 해보기로 하겠습니다.

먼저 주어를 정하셔야 합니다. 주어를 경찰로 잡아보겠습니다.

A policeman

그 다음에 경찰이 하는 동작이 나와야 하죠.

A policeman ▶ rappels (하강하다)

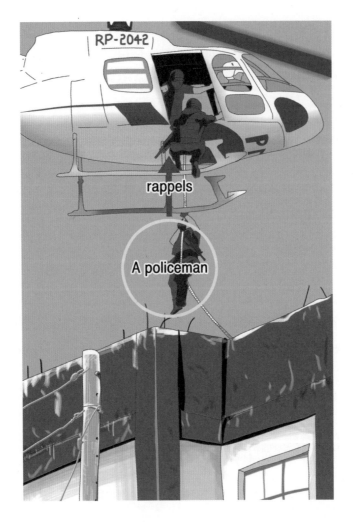

이 경찰이 하고 있는 동작의 동선을 파악해 보고 그 움직임의 시작이 어딘지 보면서 시선을 이동해 가 봅니다. 그러면 그 움직임의 시작점이 파악이 됩니다.

▶ 움직임의 시작점은 ▶ 헬리콥터입니다.

A policeman rappels from a helicopter

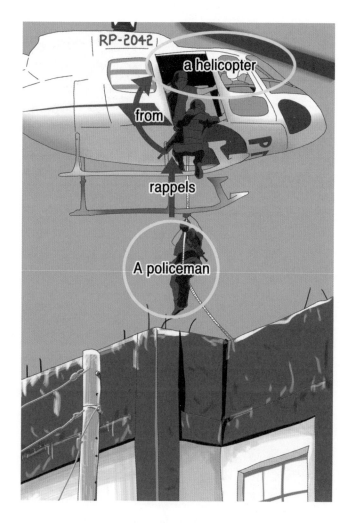

그리고 주어(한 경찰관)에서 흐름(빨간 화살표)이 헬리콥터 다음으로 확장해 가면 **헬리콥터가** ▶ **위에 있고 아래 있는 것은** ▶ **빌딩**입니다.

A policeman rappels from a helicopter above a building

　주어에서부터 동작이 있고, 동작이 이어져 있는 그 대상이 있고, 또 나아가서 만나는 대상이 있게 되는 흐름입니다. 절대로 잊지 말아야 하는 것은 주어가 무엇이냐를 결정하는 일입니다. 그 주어는 바로 경찰관이죠. 다음 관심사는 바로 이 경찰관이 어떻게 하고 있느냐입니다. 주어부터 시작해서 흘러가는 동선의 모습을 보아야 합니다. 그러기 위해서는 여러분이 이 정지된 사진의 주어인 경찰관이 되었다고 생각해 보고, 그 정지 사진을 동영상처럼 움직인다고 상상을 해보셔야 됩니다. 그렇게 상상을 하면서 주어인 경찰관에서부터 가장 가까운 동작부터 순서대로 나열하는 게 바로 이 방법이겠죠.

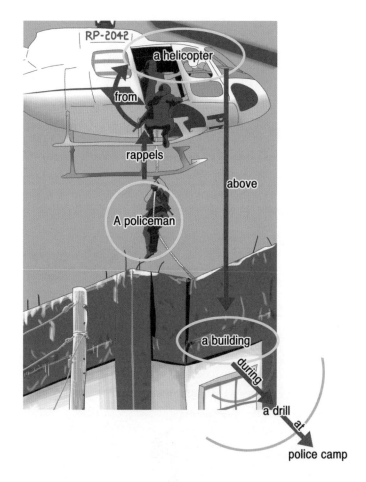

다시 한 번 전체 사진을 보며 설명하겠습니다.

A policeman rappels from a helicopter above a building during a drill at police camp.

경찰관이 ▶ 줄을 타고 내려옵니다 ▶ 그러면 이 줄이 이어져 있는 출발지가 있겠죠 ▶ 그 이어지는 출발지를 생각하시고 ▶ 그 출발지 위치가 나오면서 ▶ 아래에 있는 것이 무엇인지 보시고 ▶ 그때 벌어진 일이 무엇인지 ▶ 점으로 만나는 장소는 어디인지 이렇게 주어에서 시작된 흐름(빨간 화살표)을 따라 단어를 나열하시면 됩니다.

영어 단어나 문법에 대해서는 어떠한 언급도 하지 않았습니다. 단어가 생각나지 않더라도 먼저 이렇게 순서대로 늘어놓을 수 있는 그 힘! 순서대로 영어가 나아가서 한 폭의 그림, 움직이는 그림으로 만들어 내는 힘을 여러분께서 내 것으로 만드셔야 합니다. 혼자서 한국말로라도 이런 순서대로 늘어놓는 연습을 꼭 해야 합니다. 이것이 익숙해 져야만 영어를 말할 수있고, 영어로 여러분이 의사표현을 할 수 가 있게 되는 것입니다.

여기서는 일단 이 정도로 하고, 본문으로 넘어가도록 하겠습니다.

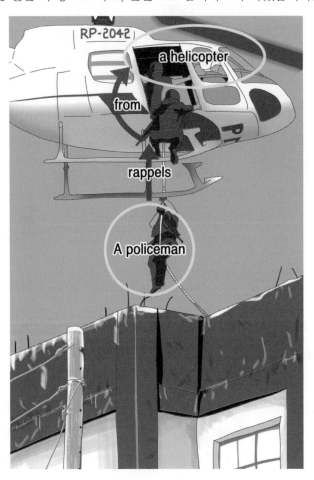

A policeman ▶ rappels ▶ from ▶ a helicopter

출발지가 헬리콥터라고 나오겠죠. **'헬리콥터로부터 줄을 타고 내려오는 경찰'** 처럼 헬리콥터를 먼저 보는 것이 아니라고 그랬습니다. 먼저 **from**하면서 출발지를 따져 보았습니다.

그리고 나서 **above**를 통해서 헬리콥터의 위치를 파악했고 아래에 있는 것이 건물이란 결론에 도달했습니다.

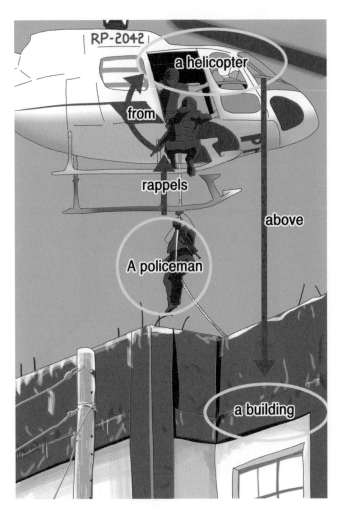

A policeman ▶ rappels ▶ from ▶ a helicopter ▶ above ▶ a building

during ▶ a drill ▶ at ▶ police camp.

during~하고 나왔을 때 '~하는 동안에'가 아니죠.

"지금 벌어지는 일이 뭐야~" 하고 기다리는 영어가 되셔야 하겠죠. 바로 ▶ **그 진행 되는 일이** ▶ a drill 훈련입니다. 훈련이 ▶ **at 붙어 있는 그 장소가** 어딘가 봤더니 ▶ police camp였습니다.

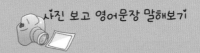

다음 사진을 보고 빨간 화살표(동선)를 따라
문장을 만들어 보세요.

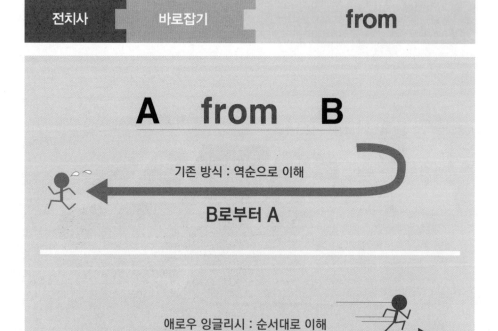

예전에는 from이 분명 먼저 나왔는데 뒤에부터 먼저 해석해서 '~로 부터'라고 하셨죠. 이제 from이 새롭게 변했으면 합니다. **"출발한 대상은 무엇인지~"**, **"출발한 지점이 어딘지~"**라구요. 말이 생소하고 어려우시더라도 바꿔야 합니다.

새로운 문장으로 연습해 보겠습니다.

Workers unload oil palm fruits from a truck.

Workers ▶ unload ▶ oil palm fruits ▶ from ▶ a truck.

노동자들이 ▶ 내리고 있죠 ▶ 기름 야자수 열매들 ▶ from 출발지는~ ▶ 트럭

unload가 끄집어 내는 거니까 그 끄집어 내는 물건들이 힘 때문에 사진에서처럼 주어 쪽으로 당겨지게 됩니다. 열매들이 당겨질 때 열매들의 움직임이 시작되는 출발지가 기대되는 것은 힘의 연속성을 보여주는 것이죠. 이렇게 힘의 연속성, 특히 동사와 그 힘을 받는 대상과 이어지는 전치사의 힘의 연속성은 영어를 이해하는 참 귀한 힌트입니다. '**~부터 내린다**'가 아니라, 내리니까 그것이 끌려나오고, 출발지가 나오고, 이렇게 힘의 연속성을 따라가보는 겁니다.

다음 문장을 보겠습니다.

A man receives flowers from a girl.

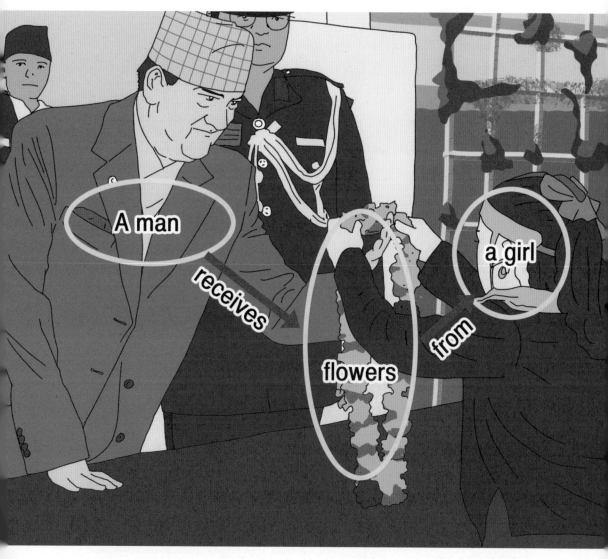

빨간 화살표의 시작이 **한 남자입니다** ▶ **받고 있지요** ▶ **꽃들** ▶ 그 출발한 지 점은 어디인가요? ▶ **한 소녀입니다.**

영어로 하면

A man ▶ receives ▶ flowers ▶ from ▶ a girl.

beside

이번 강의 문장입니다.

A man in the yellow jersey relaxes on a bed beside the swimming pool in the hotel.

영어 문장을 보자마자 바로 주어에서부터 순서대로 이해해 나가면서 그림을 그려야 되는 것 아시죠!

A man ▶ in ▶ the yellow jersey

A man 다음에 느닷없이 전치사 in이 나왔습니다. 이런 경우라도 당황할 필요가 없습니다. 그냥 in을 따라 이해해 나가고 뒤에 be동사나 동사가 나오기를 기다리면 됩니다. 일단 여기까지 먼저 이해해 봅시다.

in은 '안에 있고 둘러싼 게 무엇인가'를 나타냅니다. 둘러싼 것이 장소일 경우는 '위치한 곳이 어디이다'라는 말이 되고, 앞에서처럼 둘러싼 것이 옷일 경우는 주어가 '입고 있는 옷이 뭐다'라는 말이 됩니다. 사진을 보면 그가 입고 있는 옷이 the yellow jersey(노란색 선수용 스웨터)입니다. 응용을 해보면 '셔츠를 입고 있다'는 in the shirts라고 하면 되고, '하얀 옷을 입고 있다'는 in white clothes라고 하면 됩니다.

한 남자 ▶ 안에 있고 둘러 싼 것은 (입고 있는 것은) ▶ 노란색 선수용 스웨터

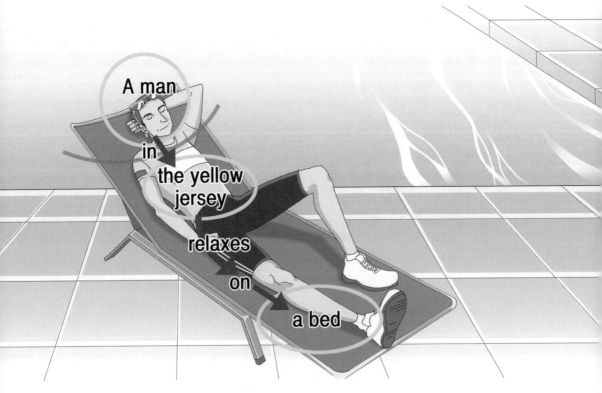

이어서 ▶ relaxes가 나옵니다.

이제서야 **a man**에 이어서 제대로 된 문장이 될 수 있는 조건인 **relaxes**(편히 쉬다)란 동사가 와서 온전한 문장이 되었습니다. 그리고 난 뒤 편히 쉬고 있는 ▶ **붙어 있는 면**이 무엇인가를 나타내는 **on**이 왔습니다. **on** 붙어있는 대상이 뭔가 봤더니 ▶ a bed(수영장에 있는 사진과 같은 저런 **bench**라고 아시면 됩니다. 어휘도 그냥 그림으로 받아 들이시는 것이 제일 빠른 방법입니다)이네요.

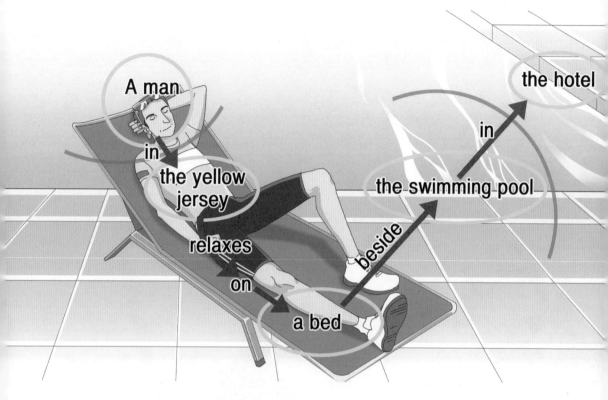

beside ▶ the swimming pool ▶ in ▶ the hotel

예전에 하던 대로라면 분명히 여러분은 호텔 안의 수영장 풀 옆에 있는 **a bed**라고 하셨겠죠. 이제 제대로 가 봅시다. 잘 몰라도 무조건 순서대로라는 것은 이제 몸에 배였으리라 생각합니다. **a bed**가 있는데 그 위치가 ▶ **beside**, 즉 〈**be+side**〉죠. 내가 존재하는 곳(**be**)이 옆쪽(**side**)이라는 말이지요. 그렇다면 다음에 이어질 말은 그 옆쪽의 본체를 나타내는 말이겠죠. 본문에서는 그게 바로 ▶ **the swimming pool**입니다.

마무리입니다. 이제 **in**이 따라붙었습니다.

▶ **in** 수영장은 **안에 있고 둘러싸고 있는 것**은 ▶ **호텔**이네요.

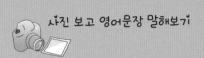
다음 사진을 보고 빨간 화살표(동선)를 따라
문장을 만들어 보세요.

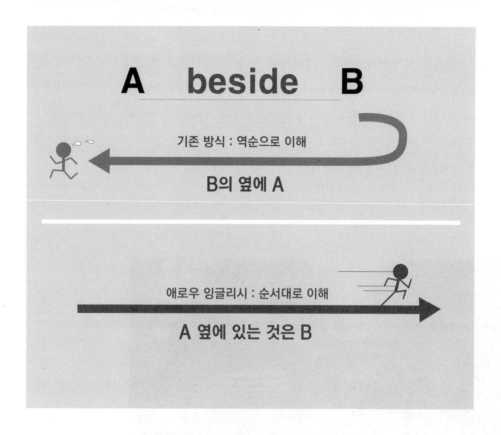

예전에는 beside~를 '**~의 곁에서**', '**~의 옆에서**'라고 하셨지만 이제부터는 '**옆에 있는 것은~**'이라고 이해합시다.

beside 훈련을 위해서 아래 문장을 봅시다.

People fish beside the lake in downtown, Beijing.

글자를 보자마자 그림을 그리셔야 됩니다. 그림으로 생각이 나도록 의도적으로 훈련을 해야 됩니다. 그렇게 안 되면 한국말이 끼어들게 되죠. 한국말이 중간에 끼어들지 않도록 해야 영어가 원어민과 같은 감각으로 발전을 하게 됩니다.

위에서 본 문장을 바로 그림으로 그려 보겠습니다.

preview
이렇게 해보세요

사람들 ▶ 고기 잡다 ▶ beside 옆에 있는 것이 뭔가 보니 ▶ 호수 ▶ 호수가 in 안에 있고 둘러싼 게 뭔지 봤더니 ▶ 번화가이고 ▶ 밖으로 나가보니 베이징이네 요.

조각그림을 보다가 이렇게 전체그림을 대하면 어떻게 영어식 사고로 봐야하 는지 당황스러울 수도 있습니다. 영어는 퍼즐이 아닙니다. 영어는 이상하게 여기 저기 순서대로 맞추는 게 아니고요. 주어를 하나 정했을 때 그곳에서부터 쭉 나아 가는 거죠. 낚시를 하고 있는데 옆에 있는 것이 호수입니다, 그 호수가 안에 있고, 둘러싼 곳이 번화가이고, 밖으로 나가보니 그 전체는 베이징입니다.

조각 그림이 전체 그림이 되고, 전체 그림이 조각 그림이 되고, 이 둘 사이를 여러분들이 자유롭게 넘나들 수 있어야 합니다. 그래야만 여러분이 어떤 상황을 보셨을 때 바로 조각으로 순서대로 쫙 빠지면서 그냥 순서대로 단어에 소리만 붙이면 말하기가 되고, 글자만 붙이면 그것이 바로 영어의 쓰기, 영작이 되는 겁니다.

한 문장 더 훈련합니다.

An elderly man walks beside flower beds.

나이가 많은 사람 ▶ 걷다 ▶ beside ▶ 화단들

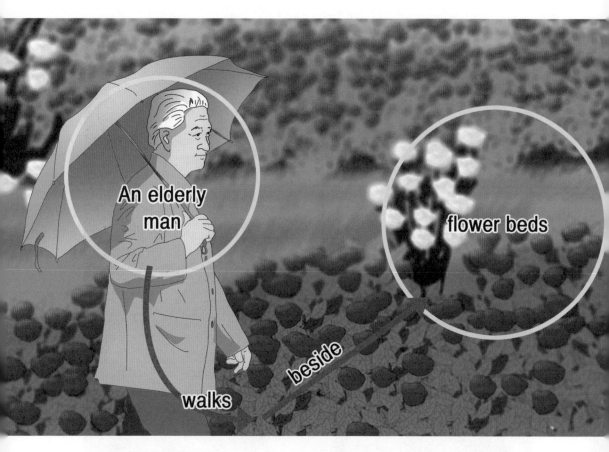

'화단 옆에서 걷고 있는 노인' 어쩜 이렇게 한국말로는 거꾸로도 잘 될까요? 이렇게 뒤에서부터 이해가 잘 된다는 게 우리에게 올무였습니다. 이렇게만 되지 않았더라면 순서대로 해 보려고 했을 텐데 뒤에서부터 거꾸로 해석해도 우리말로는 말이 됨으로 말미암아 우리가 헷갈리게 된 거 같아요. 하지만 이제부터라도 바로 잡으면 되지 않겠습니까?

An elderly man ▶ walks ▶ beside(옆에 있는 것은~) ▶ flower beds.

beside는 현재 위치를 기준으로 다음에 나올 옆에 있는 것이 무엇인지 기다리는 영어가 되어야 함을 절대 잊지 말았으면 합니다.

추가로 몇 문장 더 하겠습니다. 이번에는 여러분이 한번 해보시기 바랍니다.

The bear mascot ▶ stands ▶ beside ▶ a truck.

곰 마스코트 ▶ 서 있다 ▶ 옆에 있는 것이 뭔가 보니 ▶ 한 트럭

down · up

이번 강의 문장입니다.

US President George W. Bush and First Lady Laura Bush walk down the steps for an official dinner at the White House in Washington, DC.

위 문장을 듣기를 한다고 생각해 봅시다. 듣기를 하시면 읽기와 달리 한 단어 한 단어가 소리로 귓전을 때리고 사라져 버립니다. 그렇기 때문에 잠시 동안 귀에 머물고 사라지는 소리를 여러분이 즉시 이해 하셔야만 듣기가 됩니다.

원어민의 속도는 대화에서 **120~150**단어, 그리고 **AP** 뉴스 라든지 **CNN** 뉴스에서는 속도가 1분에 **150**단어를 상회하고 있습니다. 그렇다면 기본적으로 소리가 글자보다 좀 더 힘든 부분이 있다는 것을 감안한다면 1분에 **150**단어 정도 눈으로 보자마자 이해하는 실력이 필수입니다. 단어 순서대로 읽어서 이해하지 못하면, 소리로 들어서 이해한다는 것은 어불성설입니다. 그렇기에 뒤에서부터 해석하는 방식으로는 절대로 영어가 정복되지 않습니다.

예전 방식에 대한 유일한 대안은 순서대로 이해하시고 그림을 그려보는 것입니다. 그림이 핵심입니다. 단어 순서대로 그림 또는 이미지가 그려지면서 움직여 동영상을 만드는 것입니다. 이것을 염두에 두며 이번 강의 본문에 적용해 보겠습니다.

US President George W. Bush and First Lady Laura Bush walk down the steps

(전) 미국 대통령 조지 W 부시 ▶ 와 ▶ 영부인 로라 부시 ▶ 걸어가다 ▶ down, 발길이 아래로 향하고 밟고 지나는 그 대상이 ▶ 계단

　　Down the steps는 주어인 대통령 부시가 걸을 때 방향이 down '아래로 내려가고, 밟고 지나가는 대상이' 계단이 되는 것입니다. down ~을 예전에는 '~ 아래로'라고 이해를 하셨죠. A down B라고 하면 'B 아래로 A 하다' 이렇게 돌아갔죠. '움직임이 아래로 가는데, 가면서 접하는 대상이 무엇이냐'가 제대로 된 이해 방식입니다. 복잡하시면 움직임이 아래로 갈 때 밟고 지나가는 것은 무엇인지? 이렇게만 순서대로 이해하셔도 좋을 것 같습니다.

US President George W. Bush ▶ and ▶ First Lady Laura Bush ▶ walk ▶ down ▶ the steps ▶ for ▶ an official dinner ▶ at ▶ the White House ▶ in ▶ Washington, DC.

목표로 하는 바는(for) ▶ 공식적인 만찬 ▶ 접점하는 장소는 ▶ 백악관 ▶ 안이고 둘러싼 곳은 ▶ 워싱턴 DC.

for~는 '~를 향해서'가 아닙니다. '목표로 하는 바가 무엇이냐'입니다. 목표로 하는 바가 ▶ 공식적인 만찬 ▶ 이 만찬이 열린 at 붙어있는 접점이 되는 그 위치가 어딘지 봤더니 ▶ 백악관 ▶ 백악관이 in 안에 있습니다. '~안'이 아니고, 있는 장소가 in 안이고 그 안을 둘러싸고 있는 것이 무엇인지 봤더니 ▶ 워싱턴 D.C라는 도시입니다.

이번 강의에서 나온 **for, at, in**은 전치사 중에서 가장 중요하다고 할 수 있는 것들입니다. 가장 많이 사용되기 때문이죠. 이 말들이 영어를 앞으로 나아갈 수 있도록 이어주는 너무나 귀중한 연결 고리 구실을 하고 있는 것입니다.

동양 사람이 보건, 서양 사람이 보건간에 이렇게 위와 같이 한 장면의 사진을 본다고 생각해 봅시다. 어느 나라 사람이건 간에 눈에 보이는 장면은 똑 같습니다. 그러나 중요한 차이가 있습니다. 그것은 바로 영어를 사용하는 원어민이 보는 길과 한국사람이 보는 길이 다르다는 점입니다. 이처럼 사물을 볼 때 사고 하는 방법의 차이를 파악하는 것이 영어를 잘 하게 되는 핵심입니다.

워싱턴 **DC**에 있는 백악관에서 열린 만찬을 향해서 계단을 내려가고 있는 부시와 영부인

우리나라 사람들은 위에서처럼 밖에서부터 들어오는 영어를 합니다. 그러나 진짜 영어는 아래와 같이 주어에서부터 밖으로 나아가는 순서입니다.

(전) **미국 대통령 조지 W 부시와 영부인 로라 부시가** ▶ **걸어가는데** ▶ **방향이 아래로 가고, 밟고 지나가는 대상이** ▶ **계단이고** ▶ **목표로 하는 것이** ▶ **만찬이고** ▶ **그것이 열린 장소는 백악관이고** ▶ **백악관이 있는 곳 밖으로 나가보니** ▶ **워싱턴 DC.**

이렇게 밖으로 나아가는 영어! 이 차이를 이해해야 영어가 손에 잡히기 시작 하는 것입니다.

다음 사진을 보고 빨간 화살표(동선)를 따라
문장을 만들어 보세요.

A down B

기존 방식 : 역순으로 이해

B의 아래로 A

애로우 잉글리시 : 순서대로 이해

A가 아래로 가고, 가면서 접하는 대상은 B

down을 제대로 익히기 위해 훈련 문
장을 봅시다.

**A father and his son
slide down a water chute
in a swimming pool.**

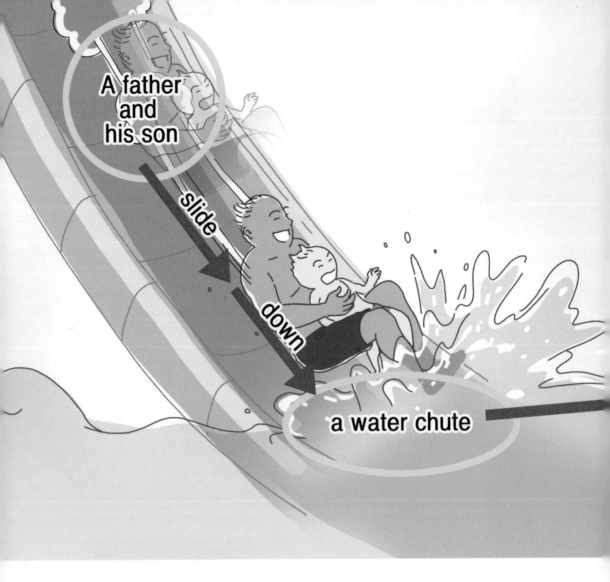

A father and his son ▶ slide ▶ down ▶ a water chute ▶ in

▶ a swimming pool.

한 아버지와 그의 아들 ▶ 미끄러지다 ▶ down 아래로 가는데,

가면서 접하는 대상이 ▶ 물 미끄럼틀

그 다음에 in이 나옵니다.

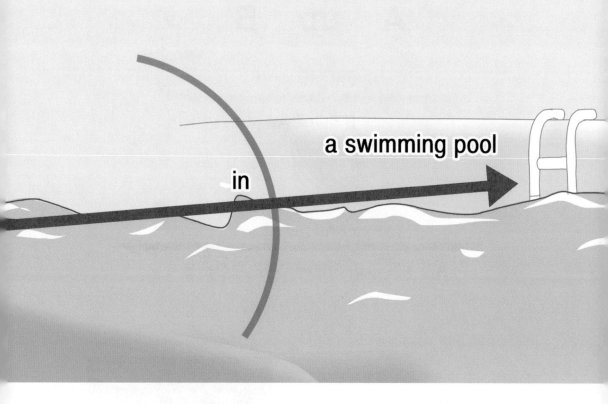

▶ in, 안에 있고 둘러싼 전체는 ▶ 수영장

　'수영장 안에서 물 미끄럼틀 아래로 내려가는 아빠와 그의 아들'이 절대 아닙니다!!

A up B

기존 방식 : 역순으로 이해

B의 위로 A

애로우 잉글리시 : 순서대로 이해

A가 위로 가고, 가면서 접하는 대상은 B

down이 나오기 전에 먼저 동작이 있고, 그 동작의 방향이 아래로 간다면, **up**은 동작이 나온 다음에 그 동작의 흐름이 **up**으로 이어지는 것입니다. 다음 문장을 통해 더 훈련해 봅시다.

A man walks up the stairs to a platform.

순서대로 그림으로 바꾸어서 받아들여 봅시다.

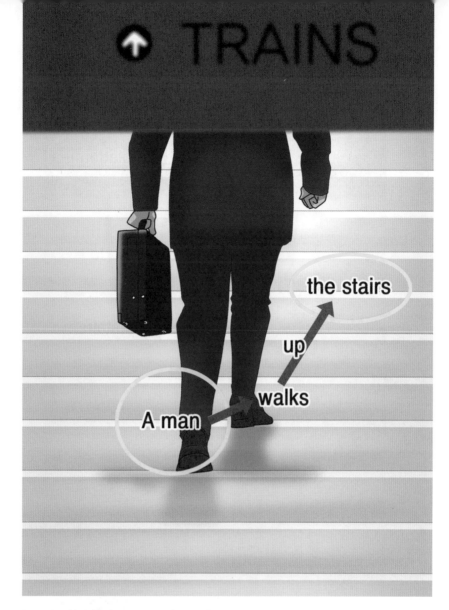

A man ▶ walks ▶ up ▶ the stairs

한 남자 ▶ 간다 ▶ up, 위로 올라갈 때 밟고 지나가는 그 면이 ▶ 계단
Up은 '위로 올라갈 때 밟고 지나가는 그 면은'이라고 이해합시다.

이제 전치사 to가 이어집니다.

to a platform.

나아가서 만나는 대상이 ▶ 플랫폼이 됩니다.

다시 한번 전체 그림을 보면서 연습해 볼까요?

A man ▶ walks ▶ up ▶ the stairs ▶ to ▶ a platform

추가로 몇 문장 더 하겠습니다.
이번에는 여러분이 한번 해보시기
바랍니다.

A boy ▶ on ▶ the skateboard ▶ rides ▶ down ▶ the hill
한 소년 ▶ 면으로 접하는 대상은 ▶ 스케이트보드 ▶ 타다 ▶ 아래로 가고,
가면서 접하는 대상은 ▶ 언덕

다음 연습할 문장입니다.

Skiers glide down the slope.

Skiers ▶ glide ▶ down ▶ the slope
스키를 타는 사람들 ▶ 미끄러지다 ▶ 아래로 가고, 가면서 접하는 대상은 ▶ 비탈

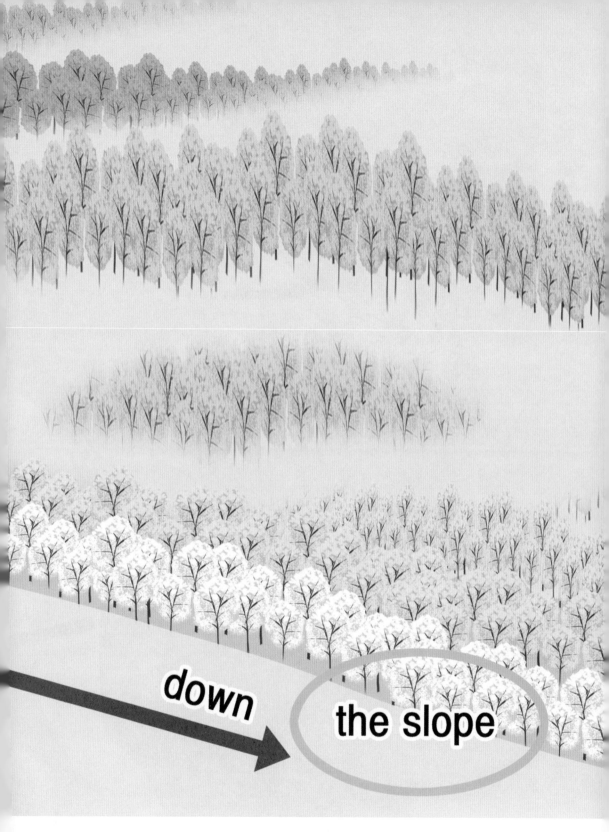

down → the slope

다음 연습할 문장입니다.
A woman climbs up the rock with the help from her friend.

A woman

A woman ▶ climbs ▶ up ▶ the rock ▶ with
▶ the help ▶ from ▶ her friend

한 여자 ▶ 올라가는데 ▶ 위로 가면서, 접하는 대상은
▶ 바위 ▶ 함께 하는 것은 ▶ 도움 ▶ 출처는
▶ 그녀의 친구

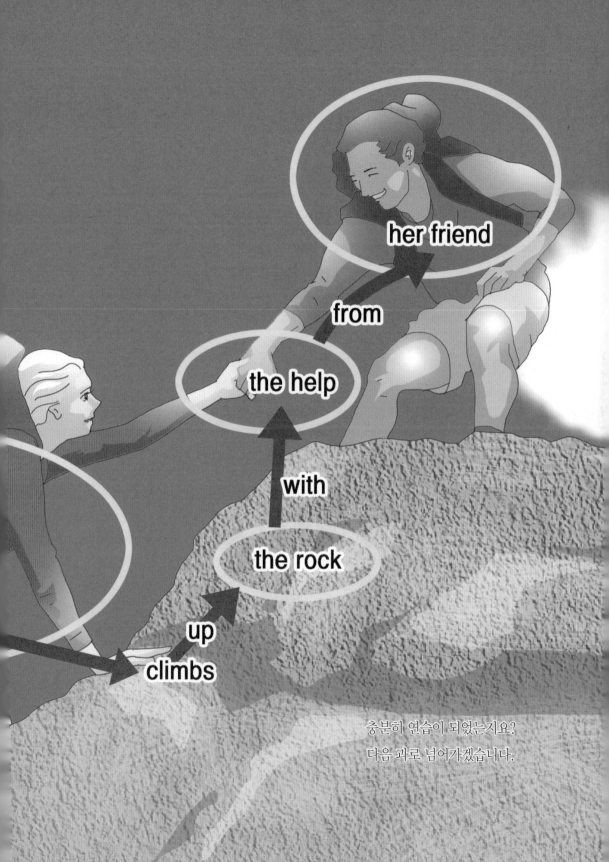

충분히 연습이 되었는지요?
다음 과로 넘어가겠습니다.

outside

이번 강의 문장입니다. 순서대로 그림을 그려 이해해 봅시다.

Two men nap with their luggage outside the railway station.

Two men ▶ nap ▶ with ▶ their luggage

두 남자 ▶ 잠자다 ▶ with 함께하는 것은 ▶ 그들의 짐입니다.

with는 '~와 함께'가 아닙니다. 다시금 마음에 분명히 새깁시다.

outside ▶ the railway station.

outside the railway station이 '**기차역 바깥쪽**'이 아니라 지금 이 두 사람이 자고 있는 쪽이 바깥쪽이죠. 그 다음에 이어서는 자연스럽게 그 안쪽을 보셔야 됩니다.

in과 반대되는 개념이라는 생각이 들지 않으십니까? 주어를 나라고 할 경우, **in**은 내가 지금 있는 쪽이 안쪽, **outside**는 내가 있는 쪽이 바깥쪽이 됩니다. **in**은 내가 있는 곳이 안쪽이니까 둘러싸고 있는 바깥쪽이 다음에 이어져 나와야 되고, **outside**는 내가 있는 곳이 바깥 쪽이니까 안쪽에 있는 것이 무엇인지 보셔야 합니다. 항상 이렇게 영어의 전치사는 전치사 보다 '**앞에 나와있는 명사**', '**앞에 나와있는 존재**'의 있는 위치가 어디인지를 먼저 정확하게 설명해 주는 말이라는 것! 꼭 기억하셔야만 합니다.

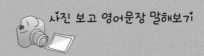

다음 사진을 보고 빨간 화살표(동선)를 따라
문장을 만들어 보세요.

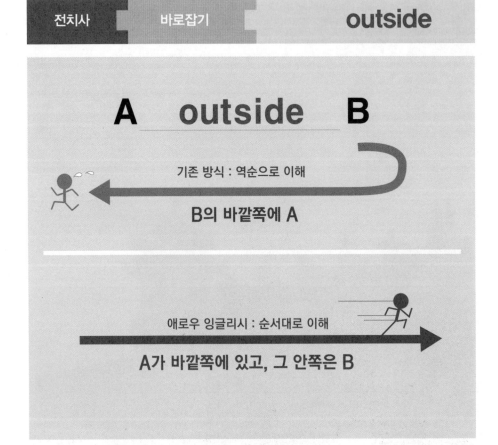

는 '~의 바깥쪽에'가 아니라, **내가 있는 쪽이 바깥쪽이고 안쪽에 있는 것이 무엇인지**를 기대하시면서 그 다음에 나올 말을 보셔야만 됩니다.

A man passes the ten meter high logo of the Olympics outside the workers stadium.

한 단어 한 단어 보시면서 여러분 머릿속에서 그림을 그리셔야만 합니다. 그렇게 단어 순서대로 나아가면서 그림이 점점 완성되어 갈 때 여러분 영어도 점점 완성되어 갑니다.

A man ▶ passes ▶ the ten meter high logo ▶ of ▶ Olympics

한 남자 ▶ 지나치다, 지나치는 그 대상이 ▶ 10미터가 되는 높은 로고
▶ of, 밀접한 관련이 있는 것은 ▶ 올림픽

outside ▶ the workers stadium.

outside, (로고가) 바깥쪽에 있고 그 안쪽은 ▶ 노동자 체육관

전체 그림으로 처음부터 연습해 봅시다.

A man ▶ passes ▶ the ten meter high logo ▶ of ▶ the Olympics
▶ outside ▶ the workers stadium.

한 남자 ▶ 지나치다, 지나치는 대상이 ▶ 10미터가 되는 높은 로고 ▶ of,
밀접한 관련이 있는 것은 ▶ 올림픽 ▶ outside, (로고가) 바깥쪽에 있고
그 안쪽은 ▶ 노동자 체육관

outside의 완전한 숙지를 위해 다음 훈련 문장 나갑니다.

A policeman stands near the stage outside the museum.

A policeman ▶ stands

A policeman ▶ stands ▶ near ▶ the stage

한 경찰관이 ▶ 서 있다 ▶ near, 근처에 있는 것은 ▶ 무대

outside ▶ the museum.

the stage outside 무대가 있는 곳이 바깥 쪽이라고 '글자'가 우리에게 가르쳐 줍니다. 그러니까 안쪽에 무엇이 있나 봐야 합니다. 참고로 out이라고 말하나 outside라고 말하나 거의 같다고 보면 됩니다. outside는 out보다 side, 즉 '면'을 더 강조한 것입니다. '바깥쪽', '바깥 면' 이렇게 말입니다. 앞에 나온 주제 문장에서 their luggage out이라고만 해도 됩니다.

전체 그림을 봅시다.

한 경찰관 ▶ 서 있다 ▶ near, 근처에 있는 것이 ▶ 무대 ▶ outside, 바깥 쪽에 있고 안쪽에 있는 것이 ▶ 박물관

A policeman ▶ stands ▶ near ▶ the stage ▶ outside ▶ the museum.

한 문장 더 보겠습니다.

A girl talks with a boy outside the building.

한 소녀가 있는데 ▶ 이야기 합니다. ▶ with, 이야기 하면 항상 함께하는 대상이 있습니다. 함께하는 대상은 ▶ 한 소년 ▶ 위치가 바깥쪽에 있고, 그 안쪽은 ▶ 빌딩

A girl ▶ talks ▶ with ▶ a boy ▶ outside ▶ the building.

under

마지막 강의입니다. 지금까지 함께 하시느라 수고 많으셨습니다.

이번 강의에서는 전치사 **under**로 마무리 짓도록 하겠습니다.

영어를 공부할 때 가장 중요한 것이 이해라고 말씀드렸습니다. 영어를 눈으로 읽으면서도 이해가 제대로 되지 않는데 어떻게 듣기가 되고, 나아가 말하기, 영작은 언감생심 기대하겠습니까?

그리고 이해와 함께 꼭 기억하셔야 되는 것이 바로 **순서**입니다. **영어 단어 순서대로 이해하기! 그리고 그 순서대로 그림을 그리면서 한편의 동영상을 만들기!** 다시 한번 더 마지막으로 강조하고 싶은 핵심입니다.

순서를 바로 잡고자 하면 반드시 먼저 해야 하는 것이 영어의 뼈대를 바로잡는 것입니다. 영어에서 뒤집지 않고 앞으로 나아가게끔 해주는 연결 고리들이 전치사, 접속사, 관계사들입니다. 이것들 없이는 영어 자체가 말이 안됩니다. 중간중간에 들어가는 단어들은 바뀔 수 있을 수 있어도, 그 단어들을 연결하는 골격들은 결코 변하지 않습니다. 이런 부분들을 먼저 이해했을 때 영어를 손에 쥐고 나아가게 되는 것입니다. 지금까지 우리는 그 골격 가운데 과반수를 차지하는 전치사를 이해하고자 노력했습니다. 이번 강의를 마치고 난 뒤 책을 덮고 제쳐두지 마시고 다시금 반복 훈련을 통해 큰 열매를 거두시길 기원합니다.

마지막 본문 나갑니다.

Players try to control a ball under the water during the under water football competition at the aquarium.

"순서대로 이해하면서 동영상을 그리자!" 마지막 문장에도 어김없이 적용되는 원칙입니다.

Players try

선수들 ▶ 노력하다

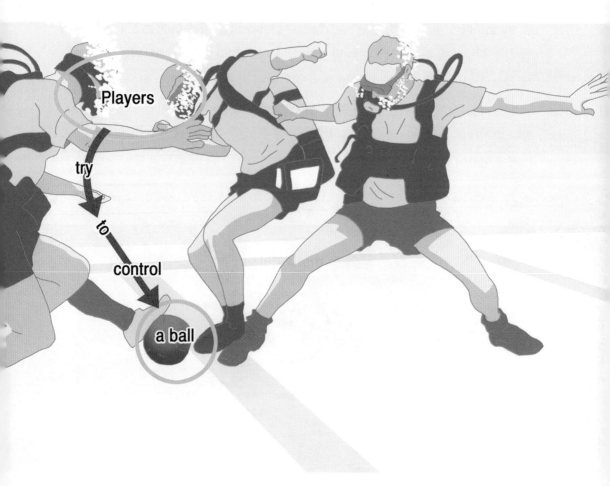

to ▶ control ▶ a ball

to 나아가서 하고자 하는 바는 ▶ 컨트롤하다 ▶ 공

여기서 보셔야 할 부분이 **try to control a ball**입니다. 대부분의 사람들이 이것을 **'볼을 컨트롤 하기 위해서 노력하다'**라고 뒤집어 이해하는 것을 너무나 당연하게 생각합니다. 그런데 이렇게 하면 절대로 순서대로 이해도 안 되고 또한 **to** 동사로 이루어진 **to**부정사란 부분도 복잡한 문법적인 영역에만 머물러 있게 될 뿐입니다.

try to부터 살펴 보시면, 일단 주어인 선수들이 노력을 하는 try하는 모습을 보입니다. 이렇게 노력을 하는 것은 앞으로 어떤 행동을 하고 싶기 때문이죠. 그래서 앞으로 나아가서 뭔가를 만나는 전치사인 to를 사용해서 앞으로 일어나길 바라는 동작을 가져옵니다. 그것이 바로 to control인 것입니다. 이처럼 단어 하나하나 순서대로 이해하는 훈련을 해야만 나중에 듣기도 되고 말하기, 영작도 자연스럽게 이루어지게 되는 것입니다.

under, 아래에 있고 위에서 덮고 있는 것은, under를 단어를 발음해 보시면 혀가 아래로 내려갑니다. 영어 단어는 글자도, 발음도 다 의미와 연결되어 있습니다.

그리고 또한 순서 관점에서만 보셔도 '**앞 장면이 벌어지고 있는 곳이 아래쪽인데~**'라고 under를 만나자마자 그냥 **100%** 이해를 하고 가시면서 다음에 나올 말을 기다리면 되죠. 아래쪽에서 시선을 위로 들면 보이게 되는 위에서 덮고 있는 것이 다음에 나올 말입니다.

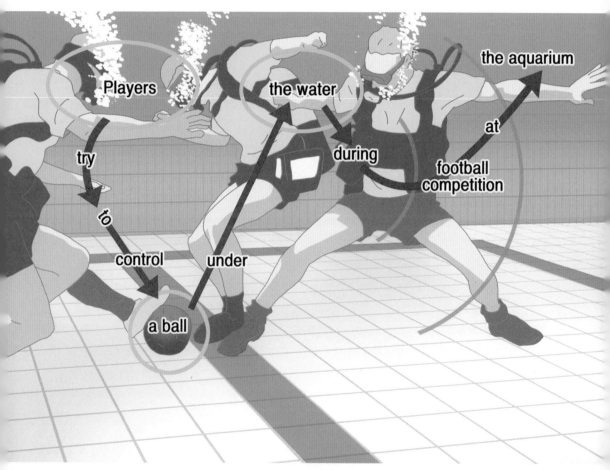

under ▶ the water ▶ during ▶ water football competition ▶ at
▶ the aquarium.

위에서 덮고 있는 것은 물이죠. under ▶ water는 '**선수들이 어떤 동작을 취하고 있는 그 위치가 아래쪽이고 그 위에 덮고 있는 것이 물**'이라고 해야 합니다.

위에 나와 있는 그림을 통해 우리는 **under**를 바로 잡을 수 있습니다. 이처럼 말로 하는 것보다 그림을 통해 영어를 이해하는 것이 가장 완벽한 이해 방법입니다.

▶ during 그때에 진행되는 일은 ▶ 물 아래에서 벌어지는 축구 경기

during은 워낙 자주 나온 단어라 설명 없이 바로 순서대로 이해하고 지나갑니다.

'**수족관에서 벌어진 수중 축구경기 동안에**'가 아닌 것은 이제 두말하면 잔소리죠.

위치를 순서대로 바로 파악하는 것이 익숙해 지면 **at, on, in**과 같이 영어에서 늘 빠지지 않고 등장하며 뒤에서 꼬리에 꼬리를 물고 설명하는 위치에 대한 말들은 쉽게 편하게 이해할 수 있습니다.

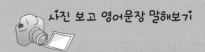

다음 사진을 보고 빨간 화살표(동선)를 따라
문장을 만들어 보세요.

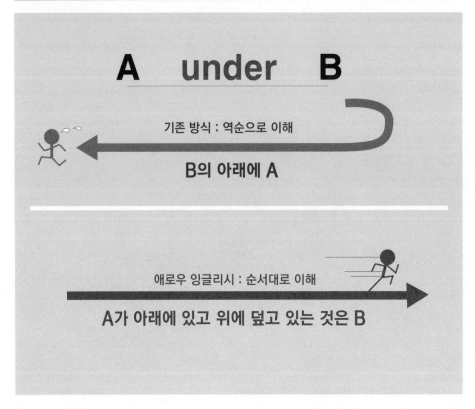

A　under　B

기존 방식 : 역순으로 이해

B의 아래에 A

애로우 잉글리시 : 순서대로 이해

A가 아래에 있고 위에 덮고 있는 것은 B

주어를 나라고 할 경우, 내가 있는 위치가 아래입니다. 그리고 시선을 위로 향하면서 위에 덮고 있는 것이 무엇인지 보는 것입니다.

지금 여러분이 책을 읽고 있는데 위를 보니까 불빛이 비추고 있습니다. 한번 순서대로 말을 만들어 볼까요? I ▶ am ▶ reading, 내가 읽고 있는데 ▶ a book 그 대상이 책이고 ▶ under 아래에 있고 위에 뭐가 있습니까? ▶ the lamp 램프 불빛.

이렇게 해서 I am reading a book under the lamp.이라는 말이 완성됩니다.

새로운 문장으로 **under**를 더 훈련해 봅니다.

A man drives his wife under her umbrella in Beijing.

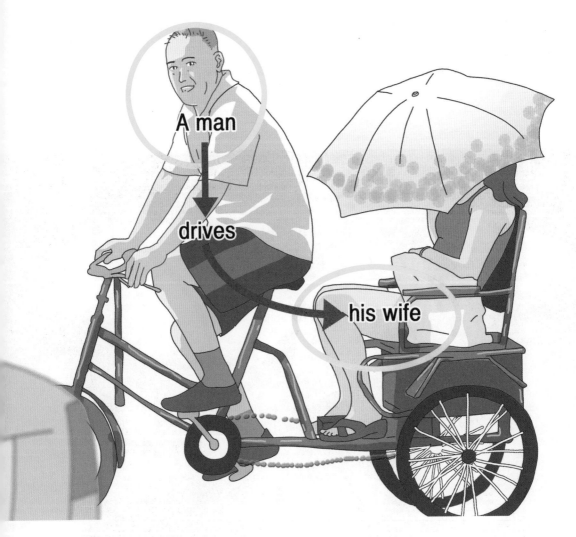

A man ▶ drives ▶ his wife

한 남자 ▶ 태우고 간다 ▶ 그의 아내

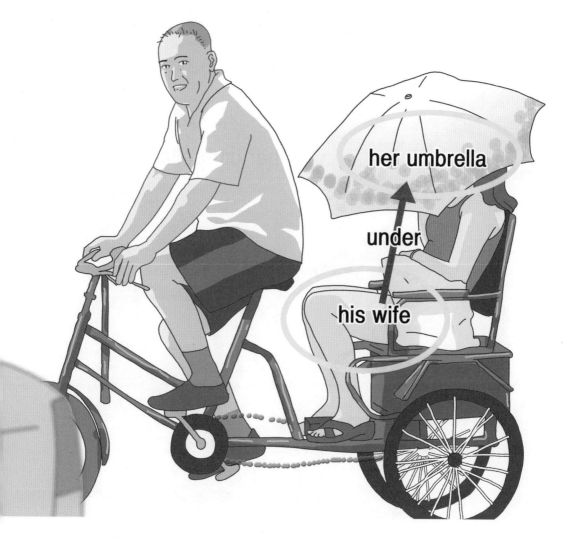

under ▶ her umbrella

under, 아래에 있고 위에서 덮고 있는 것은 ▶ 그녀의 우산

'우산 아래에 머물러 있는 그녀'가 아니라 '그녀가 앉아 있는데 아래에 있고 위에서 덮고 있는 것이 그녀의 우산'이죠.

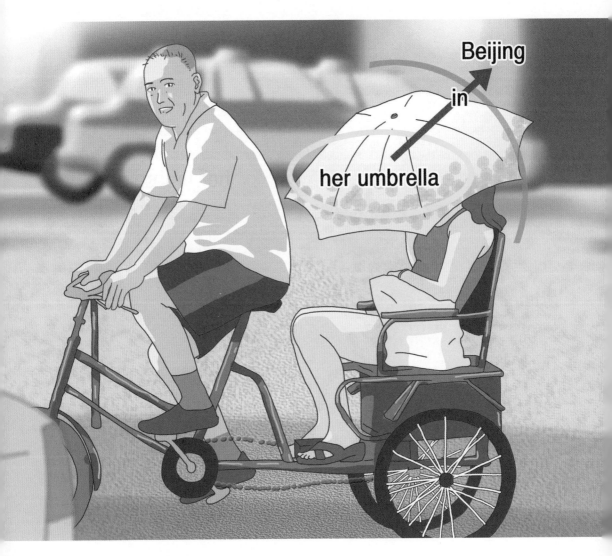

그 다음에 in, 안이고 둘러싼 곳은 ▶ 북경이 되겠습니다.

그림을 보면서 빨간 화살표를 따라 다시 한번 연습해 볼까요?

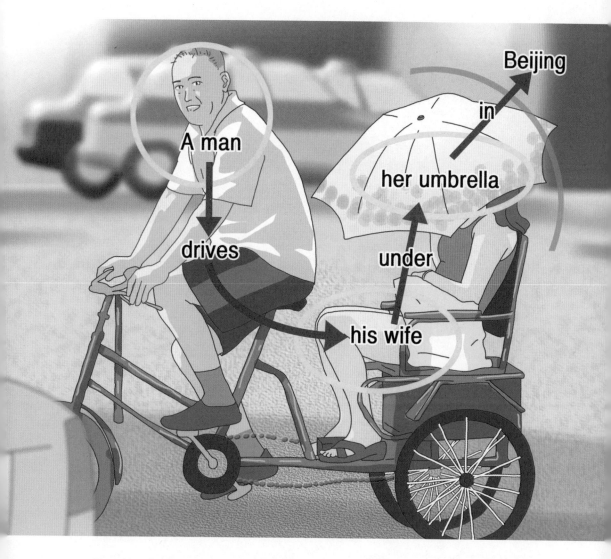

한 남자 ▶ 태우고 간다 ▶ 그의 아내 ▶ under, 아래에 있고 위에서 덮고 있는 것은 ▶ 그녀의 우산 ▶ in, 안이고 둘러싼 곳은 ▶ 북경

다음 문장 입니다.

A baby dolphin swims with his parents under the sea.

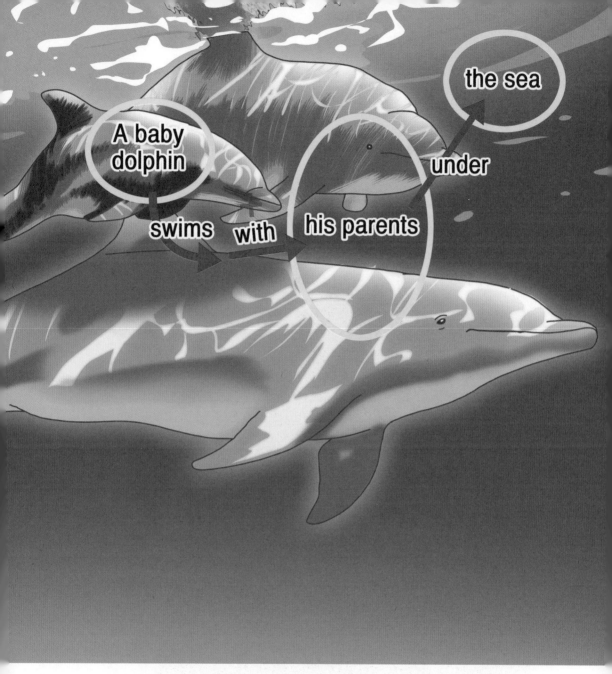

한 아기 돌고래 ▶ 헤엄치다 ▶ 헤엄치는데 함께 하는 대상은 ▶ 그의 부모들
이고 ▶ under, 돌고래들이 아래에 있고 위에서 덮고 있는 것은 ▶ 바다입니다.

A baby dolphin ▶ swims ▶ with ▶ his parents ▶ under ▶ the sea.

한 문장만 더 연습해 봅시다.

A woman steers her boat under a bridge in the water town.

the water town

in

A woman

a bridge

steers

under

her boat

한 여인 ▶ 조정하고 있습니다 ▶ 그녀의 보트 ▶ under, 아래에 있고 위에서 덮고 있는 것은 ▶ 다리 입니다 ▶ in, 안에 있고 둘러싼 곳은 ▶ 물의 마을 입니다. (중국의 '베니스'로 알려진 마을입니다.)

A woman ▶ steers ▶ her boat ▶ under ▶ a bridge ▶ in ▶ the water town.

애로우 잉글리시 서울 강남 본원 및
전국 각지에서 공개강연회 진행중!
NOW!

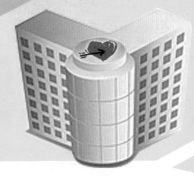

서울 강남 본원
TEL 02)422-7505

서울 강남구 역삼동 831-24
예미프레스티지빌딩 3층

인천 센터
TEL 070-7013-7507

인천시 남동구 구월동 1128-1
아트뷰주상복합 4층 402호

전주 센터
TEL : 063) 243-0579

전주시 덕진구 우아동 2가 860-6번지 4층
4호(아중리 노동청사 부근)

대구 센터
TEL : 053) 745-7505

대구시 동구 신천동 337-8번지 2층
AE대구센터 (동대구역 7분 거리)

부산 센터
TEL : 051) 807-7505

부산광역시 부산진구 부전동 261-9
유당빌딩 3층

대전 센터
TEL 042) 222-7505

대전시 중구 선화동 280-2 대제빌딩 2층
(중구청역 5~6분 거리)

광주 센터
TEL : 062) 365-7505

광주광역시 동구 필문대로 136
경원빌딩 3층

단 하나의 법칙으로

거침없이 시리즈

문법을 몰라도 책장만 넘기면 영어가 저절로 이해 된다!

❶ 단어만 알면
거침없이 영어 되는 비법 책

❷ 단어만 알면
거침없이 영어회화 되는 책

❸ 알파벳만 알면
거침없이 외워지는 영단어 책

❹ 140컷 그림으로
거침없이 읽는 바이블 잉글리시

애로우 잉글리시 수능영어
독해의 기술

애로우 잉글리시 수능영어
빈칸추론의 기술